Le Clan Hilton

Autopsie d'un gâchis

par Robert Frosi

Les Éditions
LOGIQUES
QUEBECOR MEDIA

LOGIQUES est une maison d'édition agréée et reconnue par les organismes d'État responsables de la culture et des communications.

Nous remercions le Conseil des Arts du Canada, le ministère du Patrimoine canadien et la Société de développement des entreprises culturelles du Québec pour leur appui à notre programme de publication.

Gouvernement du Québec – Programme de crédit d'impôt pour l'édition de livres – Gestion SODEC.

Nous reconnaissons l'aide financière du gouvernement du Canada par l'entremise du Programme d'Aide au Développement de l'Industrie de l'Édition (PADIÉ) pour nos activités d'édition.

Révision linguistique : Kurt Martin, Corinne De Vailly
Mise en pages : Claude Bergeron
Graphisme de la couverture : Christian Campana

Nous remercions MM. Tony Triconi et Roger Martel d'avoir mis à notre disposition leurs collections de photos.

Distribution au Canada :

Québec-Livres, 2185, autoroute des Laurentides, Laval (Québec)   H7S 1Z6
Téléphone : (450) 687-1210 • Télécopieur : (450) 687-1331

Distribution en France :

Casteilla/Chiron, 10, rue Léon-Foucault, 78184 Saint-Quentin-en-Yvelines
Téléphone : (33) 1 30 14 19 30 • Télécopieur : (33) 01 34 60 31 32

Distribution en Belgique :

Diffusion Vander, avenue des Volontaires, 321, B-1150 Bruxelles
Téléphone : (32-2) 761-1216 • Télécopieur : (32-2) 761-1213

Distribution en Suisse :

Diffusion Servidis s.a., route des Jeunes, 4 ter, C.P. 1210, 1211 Genève 26
Téléphone : (022) 342-7740 • Télécopieur : (022) 343-4646

Les Éditions LOGIQUES – Division des Éditions Quebecor Média inc.
7, chemin Bates, Outremont (Québec)   H2V 4V7
Téléphone : (514) 270-0208 • Télécopieur : (514) 270-3515
Site Web : http://www.logique.com

© Les Éditions LOGIQUES, 2003
Dépôt légal : deuxième trimestre 2003
Bibliothèque nationale du Québec
Bibliothèque nationale du Canada

ISBN 2-89381-893-5

Préface

Enfin, voilà un bon livre ! Un livre qu'on reçoit comme un coup sur la gueule ! Robert Frosi avec son passionnant récit nous plonge dans un film d'action, un film bourré de péripéties et de rebondissements spectaculaires. L'histoire de ce film est sans fin, puisque les Hilton usent encore et toujours leurs bottines de pugilistes sur l'interminable « chemin de Damas ».

Lorsqu'un jour, pour assister au rassemblement des ours polaires, je me suis rendu à la baie d'Hudson en compagnie d'Alex Hilton, celui-ci, à la vue des roulottes submergées de neige où vivent les Inuits, m'a dit : « C'est le genre de vie que j'ai connu... » Voilà qui explique bien des choses ! Vivre comme si on devait continuellement se débattre pour se maintenir à la surface...

S'il est vrai qu'Alex n'a pas eu droit aux honneurs d'un titre mondial de boxe, il est tout de même celui des fils Hilton qui a le mieux réussi sa vie. Que Dieu le protège ! Matthew, le plus doux et le plus francophile, n'a plus de bouée de sauvetage. Il ne cesse malheureusement de s'enfoncer, comme ces roulottes qui reçoivent encore et encore de la neige. Quant à Dave, l'entêté, il a loupé mille occasions de se remettre sur les rails.

Le père Hilton, que j'appelle affectueusement le « Scotty Bowman » de la boxe, m'affuble du titre de « père » d'Alex. Cela me blesse ! De surcroît, il considère que son garçon est assimilé par son épouse chinoise. Drôles de raisons pour répudier un fils qui a cherché à tenir sur la neige fragile de la vie, plutôt qu'à s'y enfoncer. La belle Linda, Denis Sicotte et moi-même, n'avons cherché qu'à éloigner Alex de la délinquance, pour qu'il connaisse une vie plus riche et plus stable. Le père aurait pourtant de quoi être fier ! Son fils, avec son douloureux métier, a réussi, au fil des ans, à amasser les dollars nécessaires pour offrir un foyer décent à sa petite famille.

Pourquoi les Hilton ont-ils tant obsédé le public québécois ? C'est parce qu'ils ont su composer avec le Québec. Le fait de s'exprimer en français les rendait automatiquement sympathiques. À la radio et à la télévision, ils ne feront jamais usage de mots vulgaires, contrairement à Stéphane Ouellet, par exemple. Les Hilton sont de nature respectueuse. Leur français, parfois boiteux, ils l'ont appris, dès leur bas âge, pour mieux courtiser les petites Québécoises de Rosemont et de Pointe-Saint-Charles...

Au début des années quatre-vingt, durant le référendum, les frères Hilton se trouvent à Toronto pour un gala interprovincial et amateur. Avec leurs chandails aux couleurs du Québec, ils deviennent l'objet de sarcasmes et de huées. Résultat ? Notre trio infernal envoie au plancher tous ceux qui crachaient sur le Québec ! Ne vous demandez donc pas pourquoi on les aime, ces « blokes » francophiles !

Ce qu'ils ont de magique, ces « damnés » Hilton, c'est qu'ils parviennent toujours à se faire pardonner leurs gaffes ! Aujourd'hui, ce n'est peut-être plus le cas de Dave, le plus manipulateur des trois. Mais une souhaitable réhabilitation pourrait, malgré son âge, nous le ramener dans l'arène. Malgré la lourdeur de ses jambes, ou de ses bras, que souligne Frosi, il pourrait devenir semblable à son idole quadragénaire du temps : Roberto Duran ! Nul doute, le nom des Hilton est magique ! La boxe sans un Hilton, c'est comme le club de hockey Canadien sans Guy Lafleur...

Mon « p'tit frère », Alex, est entêté à sa façon. Il n'accrochera ses gants que lorsqu'il aura enfilé sa troisième ceinture de champion canadien ! La retraite des Hilton, je ne la souhaite pas pour l'instant, car la boxe sera une affaire du passé, autant pour eux que pour nous, les amateurs.

N'hésitez donc pas, plongez dans l'ouvrage de Robert Frosi ! Vous comprendrez mieux l'interminable chemin de Damas que traverse cette famille pas comme les autres.

Bonne lecture !

Gilles Proulx

Avant-propos

La plupart des gens qui ont côtoyé la famille Hilton sont unanimes pour dire que jamais, dans l'histoire de la boxe, une famille n'avait réuni autant de champions. De l'avis de tous les promoteurs de boxe, canadiens, américains ou européens, c'est une famille qui aurait dû empocher des millions de dollars, qui aurait pu fonder une dynastie. Mais… le destin en a voulu autrement. La vie de ce clan sera composée, certes, de grandes réussites et de joies, mais aussi, et surtout, de larmes, de drames, de petites combines et de décadence. Les Hilton connaîtront deux univers distincts : les rings et leur faste, et la prison et la déchéance. Le chef de famille bâtira ce clan à son image. Il dictera la marche à suivre pour ses fils. La vie de chacun se transformera inévitablement en catastrophe. L'histoire de cette famille s'apparente à une tragédie grecque, où les personnages causent leur propre malheur.

Ce livre ne se veut pas une biographie, ni le résumé exhaustif de la vie de cette famille. Il propose plutôt une réflexion, un voyage dans les marécages d'un clan qui possède ses propres règles, sa justice et ses lois. Quitte à ne pas tenir compte de celles des autres ! C'est ce repli sur soi, cette herméticité, qui va mener le Clan à s'engouffrer dans un immense chaos. En tout état de cause, ce livre veut faire l'*autopsie d'un gâchis*. L'auteur tient à remercier toutes les personnes qui ont accepté de témoigner aussi franchement, qu'elles soient nommées dans le texte ou qu'elles demeurent dans l'anonymat.

Introduction

La cloche annonçant le 12e round retentit. Les deux hommes ont à peine quitté leur coin respectif qu'ils plongent dans un corps à corps bestial. C'est le dernier mouvement d'une chorégraphie inhumaine, où les deux pugilistes ne sont déjà plus qu'un amas de chairs meurtries. La détermination se lit encore sur leurs visages ensanglantés. Cette espèce de danse insolite ne pourra couronner qu'un seul champion, comme dans le sinistre marathon du film *On achève bien les chevaux*.

Pendant les 11 premiers rounds, chaque coup s'est révélé cruel, a fait mal à l'adversaire. Les deux pugilistes essayent de déterminer quelles parties du corps de l'autre ils pourraient encore atteindre, pour le malmener davantage. Chacun tente de rationner les restes de souffle, les ultimes parcelles d'énergie, indispensables au moment d'assener le coup final. Chaque direct, chaque crochet ou *uppercut*, devient aussi pesant que le marteau sur l'enclume. La moindre ouverture permettant d'atteindre le corps de l'adversaire est attendue, convoitée, comme moyen d'atteindre le but ultime.

Les poings touchent alors leur cible avec moins de force et de précision. Les deux hommes titubent chacun leur tour, au bord de l'épuisement. Chacun tente un ultime bluff, dans l'espoir de surprendre l'adversaire. C'est la dernière ruse du joueur de poker, qui réunit ses cartes en feignant d'avoir un carré d'as. La fin du round sonne comme une libération. Les deux corps se séparent enfin. Chacun lève les bras au ciel, en signe de victoire, sûr d'avoir mené le travail à terme. Il ne reste plus, maintenant, qu'à attendre les notes des juges.

Un silence lourd, pesant, envahit le temple du hockey montréalais, transformé pour l'occasion en arène pugilistique. Un peu plus de 12 000 personnes sont suspendues aux lèvres du présentateur qui s'apprête à proclamer le champion de la soirée. Elles guettent, nerveuses, le verdict de ce combat titanesque pour le titre mondial des super-moyens de la WBC. Des milliers de souffles se retiennent dans une vaste communion d'apnées.

Les doigts croisés derrière le dos, pour forcer la chance, la plupart des spectateurs n'osent espérer le triomphe du boxeur québécois. Le présentateur prononce enfin, lentement, cette phrase qui consacrera le champion. Chaque syllabe rebondit, défilant au ralenti dans les milliers d'oreilles présentes : « The...eeee... New... champion in the World... » La voix du présentateur est aussitôt couverte par une clameur de jubilation. Une gigantesque vague d'applaudissements déferle dans l'enceinte du Centre Molson, entremêlée de cris et de pleurs. Des regards éperdus de joie surplombent ces accolades qui n'en finissent plus de se répéter. Cette surréaliste mêlée humaine célèbre la victoire du nouveau champion du monde.

C'était le 16 décembre 2001. Dave Hilton, le mauvais garçon, le bandit des ruelles, avait gagné, contre Dingaan Thobela, le plus beau titre de noblesse qui soit dans le monde impitoyable de la boxe, celui de roi des rings. Il devenait le nouveau monarque dans l'une des catégories les plus convoitées, celle des super-moyens de la WBC. Dave Hilton allait enfin voir son nom gravé sur la prestigieuse ceinture, symbole de grandeur et de ténacité.

Ce sommet prestigieux, l'aîné des fils Hilton va le dégringoler en quelques semaines seulement, rattrapé par un passé impitoyable. Son histoire est celle d'une famille, ou plutôt d'un clan. Une histoire qui a débuté il y a plus d'un siècle.

Première partie
L'éclosion du Clan

La naissance d'un clan

L
a première renommée familiale vient par l'arrière-grand-père écossais qui devient champion d'Angleterre. Son fils, le grand-père du Clan, immigre au Canada où il connaîtra une honorable carrière de boxeur amateur.

Dans son vieux Ford, le grand-père trimballe son fils, Dave senior, sur les routes canadiennes, à la recherche de petits boulots de peinture ou de réparation d'asphalte. C'est une vie de nomade. Une vie que le père, Dave senior, tentera d'imposer à ses enfants.

À son tour, et très rapidement, le futur chef du Clan écumera les rings aux quatre coins du pays, se permettant même quelques incursions en territoire américain. Excellent boxeur, il conservera son titre canadien des poids légers pendant une décennie. Il sera même classé parmi les trois premiers boxeurs du monde dans sa catégorie.

La légende vivante de la boxe, Muhammad Ali, aura l'occasion de souligner, dans l'un de ses livres, l'immense respect qu'il lui vouait. Il faut dire que Dave senior s'entraînait avec Ali, dans le club de boxe de New York, le Stillman's Gym. Dave senior y était aussi supervisé par l'entraîneur d'Ali, le célèbre Angelo Dundee. Le vrai nom de ce dernier était Angelo Merena, né le 30 août 1921, à Philadelphie. En plus de Muhammad Ali, Dundee a entraîné Jimmy Ellis, Luis Rodriguez,

Dave senior, à gauche,
après un combat mémorable
contre Jerry Simpson.

Photo: Tony Triconi

Sugar Ramos, Willie Pastrano, Ralph Dupas et George Foreman.
En 1976, Dundee a été mis à contribution pour relancer la carrière de Sugar Ray Leonard.

Redoutable cogneur, Dave senior aurait même pu devenir champion du monde. Mais la vie dissolue qu'il menait
hors du ring a eu raison de sa carrière. Un triste destin qui
sera le sceau du Clan. Dès ses premières réussites, avec les
premiers dollars gagnés à la force de ses poings, Dave senior
va défier la vie à coups d'interminables beuveries.

Ses frasques, où il avait le coup de poing facile, vont commencer à tracer l'histoire des Hilton. Il signera plusieurs fois
des contrats sous l'emprise de l'alcool. Son orgueil, tout écossais, le poussait tout de même à les honorer quelques jours
plus tard.

Il ne voulait rien savoir de l'avenir ! Ce qui importait
avant tout, c'était le combat présent. Dave senior ne se souciait
pas de suivre un quelconque plan de carrière. La perspective

d'un affrontement était le seul événement à lui redonner tout son sérieux. Plus rien alors ne comptait, ni alcool ni femmes ni cigarettes. Le gladiateur, tel un phénix auréolé de gloire, surgissait des cendres encore fumantes de la débauche. Mais cela ne durait que le temps d'une présence dans l'arène. Cette discipline, aussi impitoyable que contradictoire, le chef du Clan l'exigera de chacun de ses fils.

À la fin des années cinquante, le club White-Owl, situé dans le quartier Saint-Henri à Montréal, fourmille de jeunes de tous les milieux. Sa réputation de club de boxe numéro un au Québec incite tout un chacun à venir s'y entraîner. « Le White-Owl, c'était un peu les Nations Unies, se souvient Gaby Mancini, une figure marquante de la boxe québécoise. Toutes les nationalités venaient s'y entraîner, Écossais, Italiens, Québécois. » Le maître des lieux, celui qui mérite le respect de tous, c'est l'entraîneur Roger Larrivée. Certains disent encore de lui qu'il était, à l'époque, le meilleur entraîneur au pays, un véritable visionnaire. Pas étonnant alors que les Donato Paduano, Joey Durelle ou Aimé Gauthier aient combattu sous ses ordres !

La renommée du White-Owl n'était pas usurpée. En 1960, le club enverra trois boxeurs aux Jeux olympiques de Rome : Jeffrey Alline, Marcel Bellefeuille et, bien sûr, Gaby Mancini. Celui-ci se souvient des centaines d'heures d'entraînement sous la férule de Roger Larrivée, mais aussi d'une séance d'entraînement musclée avec Dave senior : « Un jour, Dave senior avait besoin d'un partenaire d'entraînement. Roger me fait signe de me préparer. D'un côté, il y avait mes 110 livres et une petite carrière amateur, de l'autre, Dave senior, ses 147 livres et un retour chez les professionnels. » La carrière professionnelle du chef des Hilton avait été temporairement interrompue par une ténébreuse affaire d'homicide au Nouveau-Brunswick, dont on ne connaît, encore aujourd'hui, que très peu de détails. Ce qui est sûr, c'est que rien n'a jamais été prouvé. « Dave senior avait la réputation de ne rien respecter autour de lui, continue Mancini, encore moins dans le ring ! Pas de loi dans la vie, pas de règles dans les cordes, telle était sa devise. »

Pendant que Roger Larrivée termine d'ajuster le casque de Gaby et de lui mettre son protecteur buccal, Dave senior trépigne dans son coin, comme un taureau prêt à bondir. La cloche retentit, et les deux hommes entament leurs pas de danse, à vrai dire assez éloignés des Grands Ballets canadiens. Gaby Mancini était habitué à la noblesse de la boxe de calibre amateur, au respect mutuel des belligérants. C'est dans cet esprit qu'il avait accepté l'offre de son entraîneur, à qui il vouait une confiance sans bornes. Mais, pendant que Gaby s'appliquait à mettre en pratique ses années de combats amateurs, en enchaînant minutieusement ses combinaisons, Dave senior entreprenait de le marteler sauvagement, à la manière d'une brute. Dans le ring, une seule chose comptait pour lui :

Photo : Tony Triconi

Un adversaire redoutable dans le ring : Gaby Mancini.

mettre son adversaire hors de combat de la manière la plus rapide et la plus humiliante possible !

« Dave senior frappait pour me faire mal, confie Mancini, il allait à l'encontre de toutes les règles de la boxe quand il s'agissait d'entraînement. » La méchanceté et l'agressivité des coups du professionnel venaient contrer la précision et l'application de ceux du boxeur amateur, peu habitué à ce genre de lutte bestiale. Les échanges entre les deux hommes vont dégénérer rapidement. Le combat se transforme en bataille de ruelle, un genre où excelle Hilton. Les lois habituelles du ring venaient de s'estomper. Il a fallu l'intervention énergique de Roger Larrivée pour séparer les deux hommes.

Hilton ne s'excusera jamais de son geste, et sa réputation de mauvais garçon continuera à faire le tour de Saint-Henri. On pourrait même dire du Tout-Montréal, puisque Dave senior ne tenait pas en place, changeant régulièrement de quartier, au rythme de ses humeurs, tel un nomade urbain. Chaque fois, le même scénario désolant se répétait.

Un jour, à la taverne La Tasse, rue Sherbrooke, il s'installe au comptoir avec une alcoolémie digne des records Guinness. À un certain moment, sans donner d'avertissement et sans aucune raison valable, il se tourne vers un voisin et lui décoche un crochet du droit, un de ces terribles coups dont il avait le secret. Le pauvre homme, qui ne goûtait peut-être pas la discipline pugilistique, fut knock-outé sur-le-champ. Tous les prétextes étaient bons pour garder ses poings actifs !

Le seul homme qui pourra se vanter d'avoir réfréné les ardeurs de Dave senior est nul autre que Reggie Chartrand, le champion canadien des années soixante. Chartrand s'est fait un nom dans le mouvement indépendantiste en participant à de nombreuses manifestations. Avec sa carrure, il constituait un service d'ordre à lui tout seul ! Plus tard, le promoteur Régis Lévesque va l'embaucher comme videur dans son fameux steakhouse Chez Régis. Un soir, Dave senior sème le désordre dans le restaurant au cours d'une interminable beuverie. Chartrand le ramène à l'ordre en lui donnant une correction. Il est bien le seul qui peut aujourd'hui s'en vanter !

Ceux qui le connaissent bien vous diront que Dave senior aura sans cesse ce besoin irrésistible d'en découdre, choisissant, au besoin, le premier venu. Un peu comme s'il cherchait à se prouver qu'il était encore dans le monde réel. Cela lui permettait également de montrer sa force brute. Il annonçait de la sorte à tout le monde qu'on lui devait le respect. Personne ne devait le contrarier, il vivait dans un univers où lui seul décidait des règles. Chaque contrariété, chaque contretemps pouvait susciter sa colère, et ses violentes conséquences. Personne n'arrivait à le raisonner. L'entrée de madame Hilton dans sa vie n'y changera rien, car seules les décisions du chef comptent.

Dave senior avait en fait échafaudé un plan, et personne ne l'empêcherait de le réaliser. Il avait maintenant un objectif dans sa vie, qui le guiderait au cours des prochaines années. Ce rêve de Dave senior, qui deviendra aussi sa mission, est de se bâtir un clan à son image. Un clan de « gypsies », diront ses proches. Un clan qui sera exclusivement composé d'hommes, pour le grand malheur de la petite Johanne, la seule fille de la famille, qui devra être élevée par des proches.

L'unique femme qui sera acceptée dans le Clan est Jeanne, la mère des garçons. Une femme généreuse, réservée, qui, avec trois morceaux de viande, arrive à combler l'appétit familial, en plus de celui des invités surprises. Car Jeanne doit aussi composer avec les nombreux imprévus, résultant des coups de tête de son bouillonnant mari.

Il n'était pas rare non plus que, sans crier gare, le chef du Clan embarque ses cinq fils dans la grande familiale, et qu'ils partent découvrir la Colombie-Britannique ou l'Alberta. « On dormait, vivait dans la voiture, au gré des petites "jobines" », confia Dave junior à un journaliste montréalais. L'alcool faisait aussi partie du décor. Le plus souvent, le père rentre fin soûl à la maison. Les choses, alors, se gâtent.

Un soir, Dave senior reçoit un coup de téléphone d'un cousin ontarien. L'alcool aidant, la conversation dégénère rapidement. Dans sa colère, le père démarre la voiture après avoir fait monter toute la famille. Ils vont rouler toute la nuit. À six heures du matin, ils sonnent enfin à la porte du fameux cousin. Celui-ci ouvre et, à sa grande surprise, reçoit en plein visage un direct du droit décoché par Dave senior, sa fulgurante marque de commerce. Le cousin est assommé sur le coup. Satisfait, Dave senior reprend la route vers le domicile de Rigaud, en souriant tel le marchand ambulant qui vient de réussir une bonne vente.

Les extravagances reliées à la consommation d'alcool seront l'une des sombres caractéristiques du chef du Clan. Seule une alerte cardiaque viendra freiner les beuveries de Dave senior. Cela se passait en 1983. Mais le mal était fait. Le reste du Clan devra vivre maintenant avec l'image d'un père, d'un chef, d'un caïd, buveur invétéré et batailleur de ruelles. Une image ou un mode de vie qui se moulera, à la vitesse des directs du paternel, sur l'ensemble de la famille.

Cette marque indélébile, les membres de la famille la porteront comme de nobles et fières armoiries. Une marque ou

Photo: Tony Triconi

Dave senior lorsqu'il avait une gueule d'acteur.

une blessure profonde, devenue marque de commerce, mais annonçant le danger, à la façon d'un avertissement inscrit sur une caisse de dynamite. On doit approcher et manipuler avec soin, si on ne veut pas provoquer l'explosion !

Le chef va maintenant tisser sa toile autour de ses fils, en s'assurant de les mettre à sa main. Il les modelait, si l'on peut dire, à la force de ses poings ! Les fils Hilton n'auront d'autre choix que d'entrer chacun leur tour dans l'univers de la boxe. C'était devenu un rite de passage, un rite initiatique. Le père, transformé pour l'occasion en véritable gourou, souhaitait peut-être qu'ils réussissent là où il avait échoué. Mais, comme dans une secte, le quotidien sera composé de discipline, de rigueur et d'entraînements spartiates. Et ce, dès le plus jeune âge.

Le chef organise des combats exhibitions entre l'aîné, Dave junior, qui a sept ans, et ses frères, Alex qui en a six, et Matthew qui en a seulement cinq. Stewart et Jimmy vont les suivre trois et quatre ans plus tard. Gare à celui qui devait perdre le combat !

Pour l'anecdote, Matthew, qui deviendra champion du monde des super mi-moyens de l'IBF en 1987, montera dans le ring à six ans contre un dénommé Tony Marino. Au premier coup de poing asséné par Matthew, Marino s'enfuira en pleurant ! À voir le comportement de Marino, personne ne sera surpris qu'il n'ait pas fait carrière dans la boxe.

Les souvenirs comme ceux-là s'accumulent à un rythme rapide, tandis que les Hilton écument les régions. Le père organise des combats sur des rings improvisés, et fait monter les enchères dans l'assistance, comme dans les tripots du Far West. Ses fils se suivant en âge, et surtout en taille, on les a vite surnommés les « Dalton des rings ». La légende des « Fighting Hilton » était née !

Sur les traces du père

Les fiches personnelles des frères Hilton vont littéralement exploser durant leur carrière amateur. Ainsi, au cours de 184 combats, Dave junior ne connaîtra qu'une seule défaite. C'est un score assez éloquent ! Alex et Matthew inscriront des résultats tout aussi impressionnants. Il sera même question, pour ces trois garçons, de faire partie de l'équipe canadienne et de participer aux Jeux olympiques. Mais le père exigeait d'être leur seul entraîneur...

Ses qualités et son savoir-faire d'entraîneur étaient de nature intuitive, et l'on peut dire que son bagage intellectuel était somme toute limité. Le chef ne se présentera jamais à l'« examen obligatoire ». Ces deux termes, de toute façon, ne figuraient pas dans son vocabulaire et se trouvaient aux antipodes des « valeurs » qui dictaient sa conduite.

Dave junior, Matthew, Alex et même Stewart seraient probablement devenus de redoutables boxeurs olympiques. Les voyages, l'esprit d'équipe, la rencontre de mentalités différentes, auraient certainement nourri leur esprit. Une bonne stimulation intellectuelle et morale les aurait peut-être menés sur d'autres chemins. Ils auraient connu, en tout cas, d'autres horizons que ceux de Rigaud ou de Ville Émard, que ceux des bars et des tavernes. Mais cela aurait signifié s'éloigner du chef du Clan. N'y pensez même pas !

Roger Martel, un promoteur de boxe, a été le premier à déceler les talents de Dave junior. Mais Roger avait aussi suivi les débuts du père dans les années cinquante, quand il devint champion amateur en battant, en finale, Gaby Pagliati. En 1951, Dave senior faisait ses débuts professionnels ; il connut une carrière qui dura six ans. Quand il parle du père Hilton, Roger se souvient de la bête de ring : insatiable, destructeur, infatigable. Chaque fois qu'il prenait un coup, il le rendait au centuple. Un peu comme avec l'alcool !

« Il n'avait peur de rien, remarque Roger Martel, ni de la taille, ni de la couleur de son adversaire. Il entrait dans un ring avec l'invincibilité d'un mutant. Là où le père Hilton était le plus redoutable, c'est lorsqu'il se battait devant un public hostile. Il sentait alors sa force décupler ! » Tous ceux qui le connaissent sont unanimes pour dire que Dave senior n'aura jamais la moindre crainte devant un adversaire. Il prenait possession d'un ring avec l'assurance du coq qui règne sur le poulailler. Il possédait ce genre de certitude dans le regard, et dans les poings, qui faisait naître la peur chez ses adversaires, même les plus coriaces. Certains auront peur avant même le début du combat ! « Il avait, dans ses yeux, cette espèce de folie meurtrière. Il ne voyait pas en face de lui un adversaire, mais un homme à abattre ! » Dave senior mettra fin à sa carrière en mars 1957, non sans avoir détrôné Jerry Simpson en 12 rounds mémorables.

1979, c'est l'année des débuts professionnels de Dave junior. Roger Martel dira : « Quel talent naturel, quelle race de boxeur exceptionnelle, quel pur-sang ! » Les qualificatifs se bousculent dans la bouche de Roger Martel lorsqu'il s'agit de parler des Hilton, mais surtout de l'aîné des fils, Dave junior. Roger Martel parle encore des Hilton comme de gladiateurs d'un autre temps. Pour lui, Hilton est un nom magique, un nom qui attire. La foule s'entasse pour voir les Hilton, comme on se presse pour découvrir une bête de race, rare, unique, « un tigre blanc » !

Roger Martel a fait ses débuts comme promoteur en 1980. Il ne connaîtra pas le succès tout de suite, perdant même 43 000 $ en deux combats. Mais Roger s'accroche et découvre les talents de Dave junior. Très vite, il retrouvera, dans les poings du fils, un reflet de ceux du père. Le jeune Hilton a alors 17 ans, et Roger Martel usera de subterfuges pour que la toute-puissante Commission athlétique consente à fournir une dérogation spéciale, autorisant le jeune prodige à boxer chez les professionnels. Roger se souvient que tout le monde avait peur de Dave junior à cette époque. Son passage chez les professionnels avait été accéléré, en fait, parce que personne ne voulait plus se frotter à lui dans les rangs amateurs. Le regarder enchaîner ses combinaisons à l'entraînement suffisait à décourager les plus téméraires !

Roger Martel se souvient encore du premier combat de Dave junior chez les professionnels. Ce combat, qui a eu lieu le 10 février 1981, l'opposa à Noël Torrès, un boxeur qui en avait vu d'autres. Dès le premier round, pourtant, on remarquait dans le regard de Torrès un mélange d'incrédulité et de crainte. Les coups de Dave junior faisaient déjà très mal, et la cloche annonçant la fin du premier round n'avait pas encore sonné. Au deuxième round, Dave enchaîna deux crochets, ses fameux crochets qui seront tellement redoutés. Torrès plia les genoux et s'accrocha aux jambes de Dave, le suppliant d'arrêter. De mémoire d'ancien boxeur, Roger Martel n'avait jamais rien vu de tel !

Le promoteur devine alors que Dave junior est d'une mouture exceptionnelle, un pur joyau qui ne demande qu'à être ciselé. Roger Martel devra pourtant attendre quelques années avant de présenter une belle affiche. Car, à l'époque, personne ne voulait se risquer à monter dans le ring contre Dave junior. Sa réputation le précédait partout, le combat contre Torrès passant presque au rang d'une légende que personne ne souhaitait vérifier. Pas facile, donc, de trouver des adversaires pour des combats de quatre rounds. Roger devra faire travailler Dave sur de plus longs combats.

1984 sera l'année de Dave junior. Roger Martel réussit à organiser un combat contre Mario Cusson, le champion canadien de l'époque. Ce combat, remporté par Dave, ne durera que 22 secondes ! La suite ne sera pas nécessairement facile pour le promoteur. Car, avant de faire monter Dave dans un ring, il fallait surmonter l'obstacle du père. « Un vrai combat de 15 rounds quand il fallait négocier avec lui, se souvient Roger Martel. Dave senior choisissait chacun des adversaires de son fils. Un vrai casse-tête, car il pouvait changer 10 fois d'adversaire ! »

Une petite anecdote nous permettra de comprendre l'emprise que Dave senior exerçait sur son fils aîné, puis sur les autres. Un jour, Roger Martel et Dave junior se promènent dans Laval. À un moment, la terreur des rings s'arrête et dit : « Roger, veux-tu me faire plaisir, mais il faut en parler à personne, (personne voulait dire son père), j'aimerais avoir un hot-dog, une frite et un Pepsi. » Ce jour-là, Roger a lu dans les yeux de Dave tout le désespoir d'un adolescent terrorisé par son père. Toute la crainte et l'appréhension d'un jeune garçon qui, pourtant, faisait déjà frémir son entourage. Dave Hilton, le garçon aux crochets dévastateurs que redoutait le monde de la boxe, suppliait le promoteur pour obtenir discrètement un hot-dog, un Pepsi et une frite !

En lui offrant cette collation, Roger se souvient des yeux rieurs de Dave junior, les mêmes que ceux d'un enfant de trois ans ouvrant ses cadeaux à Noël. Cette scène, surprenante et chargée d'émotion, se renouvellera quelquefois. Ce secret entre les deux hommes, secret qui curieusement faisait trembler Dave junior, contribuera à consolider une grande confiance mutuelle.

Roger apprend à connaître la domination du père, qui se comporte comme un caïd avec ses fils. Il leur imposait un régime impitoyable, dictatorial. Roger Martel me confiera que la fois où Dave junior est revenu de Detroit avec la mâchoire fracturée – il avait combattu Sam Gervins –, tout le monde

La légende des « Fighting Hilton » est née ! De gauche à droite : Alex, Matthew et Dave junior.

Photo : Roger Martel

pensait que c'était le résultat des coups de l'Américain. « En fait, tout cela est faux ! C'est son père, dans un accès de colère (il était furieux parce que son fils se préparait mal à l'entraînement), qui lui a décoché un crochet et infligé la blessure ! »

Roger comprendra également qu'il faut se tenir loin du père quand on tente de négocier un contrat. L'histoire dit que Hilton senior a déjà knock-outé le célèbre promoteur Régis Levesque, parce qu'il était mécontent d'une clause dans le contrat !

Le père voulait faire de ses fils des « hommes », il en fera des boxeurs sans éducation qui glisseront chacun leur tour dans les pires excès. Après sa fameuse victoire sur Mario Cusson, Roger Martel se souvient que Dave junior se comportait, lui aussi, comme un caïd. Il tirait au pistolet dans les plafonds des chambres d'hôtel luxueuses de Montréal. Des suites qu'il s'offrait pour donner le change. Pour montrer au reste du monde, mais surtout à son père, que lui, Dave junior, avait réussi !

Dave junior est de tous les fils Hilton celui qui ressemble le plus à son père. « Une face d'ange dans la vie, mais un tueur dans le ring », observe Roger Martel. C'est peut-être pour cela qu'il était le favori du chef du Clan, une sorte de miroir qui lui renvoyait une image flatteuse de lui-même.

Roger Martel sera, de temps à autre, un deuxième père pour Dave junior, essayant même de lui inculquer quelques valeurs. Mais le promoteur pressentait que c'était peine perdue. Il a d'ailleurs fourni plusieurs fois la caution pour libérer le cadet, Alex, emprisonné à Donnacona et à Cornwall. Un sombre présage...

Quant à Roger Martel, il s'est essayé à la boxe chez les poids coqs au 22e régiment, à Québec, puis à Valcartier. Issu d'une famille de 11 enfants, élevé à Drummondville, il s'est enrôlé pour avoir un peu d'argent et ne plus être à la charge de la famille, nombreuse et pauvre. « À l'armée, je mangeais même du filet mignon », avouera-t-il, un peu gêné.

Il fera ses débuts professionnel en 1958, grâce à un camarade de régiment. Son dernier combat ? Oh, que oui, il s'en souvient ! « C'était contre Marcel Gendron, qui deviendra plus tard champion canadien. Mon gérant était parti avec la bourse de 800 $! C'était une sacrée somme pour l'époque. Je me suis mis en chasse pour le retrouver. C'est à Drummondville que je l'ai retrouvé. Seulement... il avait déjà bu toute la bourse ! »

Roger suivra un cours d'horticulture en Ontario, sur les maladies des arbres. Puis, il obtiendra un diplôme de l'Université de Montréal. Il possède aujourd'hui une entreprise prospère, à Boucherville. Comme il le dit avec humour : « Une chance que j'ai trouvé ma branche, car ce n'est pas la boxe qui serait payante ! » Roger se permettra même d'être lucide et critique envers ce monde qui a consumé les Hilton : « Quand je me retrouve avec mes arbres, je retrouve les mêmes sensations qu'avec la boxe, la même énergie, le même *feeling*. Seulement, ce monde naturel est vrai à 100 % ! Il n'est pas fait d'artifices, de faux, de trompe-l'œil, d'amis d'un soir, de traîtres confidents, de gens qui inventent des histoires aux conclusions plus belles et plus fantastiques les unes que les autres. Une chance que j'ai retrouvé mes vraies racines ! »

Le plus mauvais souvenir de Roger Martel, c'est la vente des Hilton au « King des King », comme il surnommait l'extravagant et redoutable promoteur, Don King. « Celle-là, je ne l'ai pas encore digérée ! Les Hilton auraient pu faire fortune à Montréal, j'en suis sûr ! Cette vente a été une malédiction pour toute la famille ! » Maintenant, Roger se sent loin de tout ça. « Une chance que j'ai trouvé ma branche », me répète-t-il pour mettre fin à la conversation.

Un certain Mike Tyson

Les victoires vont s'enchaîner pour les frères Hilton. En 1982, les trois plus vieux, Dave junior, Alex et Matthew, bénéficient d'une année d'entraînement intensif dans les Catskill's Mountains, pas très loin de la célèbre ville de Woodstock, dans l'État de New York. Ils y feront la connaissance d'un jeune amateur de 16 ans, très prometteur, un certain… Mike Tyson.

Le boxeur américain avait visité, dans sa jeunesse, une kyrielle de maisons de correction. C'est dans l'une d'elles qu'il a rencontré un ancien boxeur, Bobby Stewart, qui inspirera peut-être le choix de carrière du jeune Tyson. Âgé d'à peine 13 ans, celui-ci s'inscrira chez les poids lourds !

Le chemin de Tyson croisera ensuite celui de Cus D'Amato, un ancien boxeur déchu, qui lui apprendra véritablement à boxer. À 16 ans, Tyson perdra sa mère, et D'Amato deviendra son père adoptif. La réputation du jeune auprès des amateurs est telle, que certains n'hésiteront pas à traverser l'État pour combattre contre lui. Les provocations pleuvent de toutes parts et sous toutes les formes. Les trois frères Hilton s'interposeront souvent pour protéger le jeune amateur, en faisant front contre les nombreux agresseurs. Une amitié naîtra entre les Fighting Hilton et le futur champion poids lourd. L'histoire commence à s'écrire…

Tyson deviendra, dès l'année suivante, soit en 1983, champion amateur des États-Unis. Il deviendra en 1986, à 20 ans, le plus jeune champion du monde de l'histoire, après avoir défait Trevor Berbick en deux petits rounds. Pendant que Mike Tyson devient champion amateur des États-Unis, dans la catégorie des poids lourds, un drame se noue dans le Clan.

Le 15 février 1983, Dave junior monte dans le ring pour y affronter Sam Gervins. Dave est inquiet, car pour la première fois depuis qu'il boxe, le chef de famille n'est pas dans son coin. Dave ne sait pas encore que son père repose entre la vie et la mort.

Une crise cardiaque a sonné l'alarme pour Dave senior. Pendant que le père livre le combat de sa vie, Dave gagnera le sien, malgré cette mâchoire «brisée» par son propre père et grâce aux précieux conseils donnés par l'entraîneur de circonstance, Georges Cherry. Le père sortira lui aussi victorieux de sa lutte contre la mort, mais avec la promesse de ne plus jamais reprendre un verre. L'alcool, devenu le plus redoutable des adversaires du père, était définitivement mis hors de combat.

Le combat de championnat canadien

Le 4 décembre 1983, à Montréal, le Forum des grands soirs attend fébrilement le combat Cusson-Hilton. Un combat pour le titre canadien des poids coqs. Les paris vont bon train, certains ayant misé jusqu'à 5 000 $ sur la victoire de Dave junior.

L'arbitre, Guy Jutras, s'en souvient comme si c'était hier. Ce fut sans doute le combat le plus éprouvant de sa carrière. Et pourtant, il en aura officié des combats : plus de 55 combats de championnats du monde, avec des vedettes comme Roberto Duran, George Foreman, Michael Spinks ou Marvin Hagler.

« Il est important de savoir quand arrêter un combat, et la deuxième chose est de savoir quand ne pas l'arrêter », lance Guy Jutras tout en rassemblant ses souvenirs de ce fameux soir de décembre 1983. «Les deux premiers rounds avaient été passablement animés, les deux boxeurs lançaient leurs coups à un rythme infernal, sans doute motivés par la foule complètement déchaînée. Puis, au troisième round, Mario Cusson était sévèrement coupé. J'ai donc décidé d'arrêter le combat en déclarant un verdict de nulle technique. Le problème, c'est que tout le monde croyait que Dave avait remporté le combat parce que Mario avait été coupé. Les gens commençaient à payer leur pari ! Puis, comprenant enfin ma décision, le public est devenu hostile à mon endroit. Le Clan Hilton, quant à lui, n'était pas très content de ma décision. Ce fut la confusion la plus totale ! » Cette frustration collective durera trois mois, pendant lesquels le fiel des supporteurs du Clan Hilton continuera de se déverser sur l'arbitre Jutras.

Un nouveau combat de championnat est organisé. Les Hilton souhaitent venger leur honneur, même s'il n'avait pas été officiellement bafoué. « La boxe, on en mangeait ! » déclarera l'aîné des Hilton à une meute de journalistes avant le combat qui devait lancer sa carrière. « On en buvait aussi ! Nous avons quitté l'école très tôt et nous sommes allés rapidement dans les gymnases pour nous entraîner. »

Nous sommes le 25 mars 1984. Tout le gotha montréalais est présent au Forum. Les clameurs s'entendent jusque dans la rue Sainte-Catherine. Vu le dénouement inusité du combat précédent, la prudence est de mise chez les parieurs. Mafieux, politiciens, artistes, communicateurs et policiers se côtoient, comme si chacun se trouvait en territoire neutre, pour une trêve d'un soir. Le combat contre le champion en titre Mario Cusson tournera cependant court.

Dave n'a besoin que d'une reprise et d'un solide crochet du droit, qui deviendra rapidement la hantise de tous les boxeurs, pour s'approprier sa première ceinture de champion. Vingt-deux secondes auront suffi pour terminer le travail commencé trois mois plus tôt.

Photo: Roger Martel

Dave junior, celui qui a toujours été le favori du chef du Clan.

Dans le Forum, c'est le délire ! Dave Hilton junior devient champion canadien devant 18 000 personnes déchaînées. Les parieurs peuvent enfin respirer.

Le pauvre Mario Cusson connaîtra, 12 ans plus tard, une fin horrible. On le retrouvera pendu, le 7 novembre 1996, dans son appartement de l'est de Montréal.

À partir de ce combat, Dave junior cumule les victoires sans dérougir, entraînant Alex et Matthew dans son sillage. Quatre mois après sa victoire contre Cusson, Dave junior s'attaque à une autre figure locale de la boxe montréalaise, Denis Sigouin. Le combat sera plus ardu, mais le résultat final sera le même, Sigouin finira au plancher à la 10e reprise.

Puis, ce sera bientôt l'aventure américaine, avec le premier combat dans l'une des grandes capitales de la boxe, Las Vegas. Mais, pour bien comprendre l'épopée américaine du Clan, il faut cerner de plus près les événements de l'année 1984.

Les Hilton vendus pour une poignée de dollars

Les Hilton feront rapidement la une des pages sportives, mais aussi, comme on le verra, des faits divers. 1984, c'est l'époque des paradoxes. D'un côté, il y a le vieil ami de la famille, Georges Cherry, qui dépense sans compter pour les Hilton. Il leur fera même construire un gymnase, rue des Carrières, à Montréal, le Club de boxe Rosemont. D'ailleurs, lorsqu'il déménagera plus tard rue Bélanger pour rouvrir sous le nom de Club Champion, ce gymnase deviendra une véritable institution à Montréal. Dans l'ombre de Cherry, toutefois, se profile le redoutable et très contesté promoteur américain, Don King. Celui-là même qui avait eu le tour de convaincre le président de la jeune république zaïroise, Mobutu, que son pays se devait d'accueillir le combat du siècle entre Muhammad Ali et George Foreman. King est aussi ce personnage qui a été condamné, en 1967, à purger quatre ans de prison pour une sombre histoire de meurtre. On le dit très influent dans tous les milieux. C'est ce qui lui vaudra le pardon, quelques années plus tard.

À cette époque, les Hilton sont aussi les « protégés » de la famille Cotroni, que l'on considère associée à la mafia montréalaise. Le chef de cet autre clan, Frank, les prendra sous son aile. Il arrive souvent que Frank Cotroni déboule à l'improviste, avec ses gardes du corps, dans le vestiaire de Dave junior ou de Matthew, pour les rassurer et les encourager juste avant un combat. « Frank ne voulait pas de passe-droit, me confiera un de ses proches. Il se faisait même un point d'honneur de payer *cash* ses billets Il sortait ses gros *bills* de 100 $, comptait les gens autour de lui, et distribuait l'argent comme si c'était des *peanuts*! »

Pour bien comprendre l'importance et l'influence que Cotroni pouvait avoir sur la boxe montréalaise, voici une anecdote glanée dans son entourage. En 1983, le Centre Claude-Robillard présente un duel Italie-Canada. Les meilleurs boxeurs amateurs des deux pays participent à la compétition. La communauté italienne de Montréal en tire une grande joie. Mais elle a aussi le cœur déchiré, ne sachant plus pour quel pays prendre. Soudain, un déplacement de foule se produit à l'entrée ouest. Un groupe d'hommes aux bijoux clinquants se rapproche de la première rangée, où tous les sièges sont réservés. À leur tête, se trouve nul autre que Frank Cotroni.

L'homme « d'affaires » avait acheté toute la première rangée, à 50 $ pièce. « Ça faisait beaucoup d'argent pour l'époque », me confiera une source anonyme.

Le Clan Hilton se pavane ainsi avec l'un des « parrains » présumé de la mafia montréalaise. « Frank leur payait tous leurs frais, confiera cette source anonyme, l'épicerie, le chauffage, le loyer. Il remboursait les dettes, les habillait, les invitait dans ses fastueuses soirées. Avec lui, les Hilton ne manquaient de rien ! » Il s'empresse d'ajouter, avec une pointe d'ironie : « Frank était même là pour le paiement des bourses des Hilton, parce que le père, Dave senior, ne savait pas compter ! »

Sous cette apparente générosité, se cachait en fait un plan presque diabolique. Frank Cotroni vendra, pour une bouchée de pain, les trois frères Hilton au promoteur américain, Don King. Cette vente, aussi curieuse que contestée, sera le point de départ d'une vaste enquête sur les liens entre le crime organisé et le monde de la boxe. Cette transaction donne le coup d'envoi de la fameuse Commission d'enquête du juge Bernier, qui s'appuiera sur le Projet Borgia pour compléter ses investigations. Le Projet Borgia était le nom de code donné à l'enquête conjointe menée, durant les années quatre-vingt, par la police de la Communauté urbaine de Montréal, la Sûreté du Québec et la Gendarmerie royale du Canada. Plus de 100 témoins vont défiler devant les représentants de la Commission Bernier. Les conclusions du Rapport Bernier seront incriminantes pour Frank Cotroni, de même que pour un certain Jos Lopresti, présenté à l'époque comme un proche d'un autre « parrain » de la mafia italienne, Nicolas Rizzuto.

Lopresti se trouvait alors en liberté conditionnelle, sous caution de 200 000 $. Il avait été accusé à New York, de trafic d'héroïne, et relié aux activités de la célèbre « Pizza Connection ».

Jos Lopresti, que certains policiers n'hésitent pas à désigner comme «lieutenant» de Rizzuto, servira de lien entre le clan King et Cotroni.

Il faut dire que la liberté de mouvement de Frank est assez limitée, l'année de cette transaction, puisqu'il est, lui aussi, incarcéré pour trafic de drogue. Cela n'empêche nullement Cotroni de piloter l'ensemble du dossier, directement de sa cellule, de la prison Parthenais. Par l'entremise d'un associé, Tony Volpato, « un vendeur de céramique de Saint-Léonard », Cotroni prépare les contrats avec le clan King.

Après un certain nombre d'allers-retours à New York, l'avocat de la famille Cotroni, John Lannuzzi, arrive à Parthenais pour obtenir la signature finale de Frank. Il se rend ensuite dans une chambre de l'hôtel Sheraton au centre-ville. Le chef du Clan Hilton est là, en compagnie de Duke Durden, le vice-président de Don King Productions, la firme du promoteur américain. Dans la chambre, se trouve également Volpato, l'homme de confiance de Cotroni. C'est à ce moment que seront finalisés les contrats. Certains m'ont confié que Cotroni se serait entretenu par téléphone de la prison avec le père Hilton, pour être sûr que tout se passait bien.

Le 31 janvier 1985, Dave junior, Alex et Matthew deviennent la propriété de l'Américain Don King. Rapidement, Tony Volpato colporte la bonne nouvelle dans le milieu de la boxe. Il ne cesse de répéter que c'est une chance inespérée pour les trois frères Hilton...

Le Rapport Bernier permettra d'établir que les galas de boxe sont une excellente couverture pour les activités de la famille Cotroni: «Les galas de boxe sont des occasions privilégiées pour rencontrer tant les membres de l'organisation locale que ceux des organisations extérieures. Les membres des familles criminelles d'origine sicilienne, calabraise ou napolitaine, qui ont des activités au Canada ou aux États-Unis, profitent de cette occasion pour contacter leurs ramifications montréalaises, comme celle de Frank Cotroni. »

On lit également, dans ce rapport, que les Hilton ont été vendus pour une poignée de dollars, et que Frank Cotroni a amplement récupéré, au passage, les sommes investies dans la famille des boxeurs. Son pactole, dans l'affaire, dépassait les 100 000 $. Le Rapport Bernier précise également que l'avocat des Hilton, maître Shoofey a été littéralement écarté des négociations.

Cet avocat était contre toute forme d'exclusivité, préférant que les boxeurs signent des contrats pour chaque combat. Shoofey risquait donc de compromettre la vente des Hilton. Selon certains proches de la famille Hilton, l'obstination de Shoofey, et ses liens avec un autre clan de boxe américain, ne seraient pas étrangers à son assassinat. Il sera abattu, par des inconnus, le soir du combat de Matthew contre Vito Antuoformo.

Ce combat s'est tenu au Forum de Montréal, le 20 octobre 1985. Vito Antuoformo n'était pas le premier venu. Ce boxeur italo-américain a été champion du monde des poids moyens entre 1979 et 1980. Il défendra même son titre contre nul autre que Marvin Hagler, surnommé le « merveilleux ». Matthew mettra fin, ce soir-là, à la carrière du célèbre champion.

Avec l'exode de la famille Hilton aux États-Unis, beaucoup s'inquiètent de l'avenir de la boxe à Montréal. On ira même jusqu'à reprocher au juge Bernier d'être le principal responsable de ce départ !

Les frères Hilton allaient donc boxer pour la première fois, professionnellement, en dehors du Canada. Le 15 mars 1985, Dave junior monte dans le ring à Las Vegas. Son adversaire, Denis Fain, ne tiendra sur ses jambes que pendant deux reprises. 1985 sera l'année de nouveaux déboires pour le promoteur Don King, qui sera accusé d'évasion fiscale. L'influence de ses nombreuses relations permettra qu'il soit finalement acquitté. Les accusations à l'encontre du promoteur ne cesseront pourtant pas de s'accumuler, la justice dénonçant notamment des pots-de-vin versés à des dirigeants de l'*International Boxing Federation.* Là encore, il sera blanchi. Sa réputation d'« anguille » le suit encore aujourd'hui dans le monde de la boxe.

La lune de miel entre les frères Hilton et leur nouveau promoteur, Don King, sera de courte durée. Les relations vont s'envenimer avec Dave junior, frustré de n'avoir disputé que deux seuls combats au cours de l'année 1986.

Il faut dire aussi que les clauses du contrat entre les Fighting Hilton et King ne laisseront que des miettes financières à la célèbre famille. À titre d'exemple, le montant maximum de la bourse pour un éventuel combat de championnat du monde n'excédait pas les 150 000 $. Tous les spécialistes de l'époque savent bien qu'un tel combat vaut, en fait, 500 000 $! Un autre exemple typique de la pingrerie de Don King!

Le 15 février 1986, Matthew rencontre Wilfredo Benitez, un boxeur expérimenté, un vieux guerrier des rings, trois fois champion du monde. Un gros risque si l'on considère que Matthew frappe à la porte d'un championnat du monde et qu'une défaite peut compromettre son ascension. King ne versera que 26 000 $ à son poulain à la fin de ce combat risqué.

Son contrat lui garantissait pourtant des gains d'au moins 50 000 $ par combat ! De la part du promoteur, c'est une curieuse manière de respecter ses engagements ! Il n'en restera pas là. Aucun boxeur du Clan Hilton ne touchera un sou sur les droits de télévision associés à leur combat. Pour le seul combat de Matthew, CBS a pourtant versé 100 000 $ à King ! Les magouilles du promoteur mettront la patience du Clan à rude épreuve.

Aux États-Unis, Dave junior commence ses frasques. Dans un bar de New York, il flirte un soir avec la fiancée d'un joueur de football de la NFL. Le colosse de six pieds voudrait bien rabattre le caquet au nabot canadien, qui mesure cinq pieds, sept pouces. Dave grimpe alors sur une chaise, pour se mettre au niveau du colosse. Puis, sans discuter, il l'assomme avec un puissant direct du droit ! L'histoire ne dit pas si Dave est reparti avec la fille.

Un événement tragique

Les trois frères Hilton se déplacent maintenant aux quatre coins des États-Unis, multipliant les victoires. Durant cette période, c'est surtout Matthew qui se démarque. Don King le sait et misera tout sur lui, au détriment de Dave et d'Alex.

À Las Vegas, Bruce Jackson connaîtra la dureté des poings de Matthew qui le mettra K.-O. à la sixième reprise. Un mois plus tard, à New York, Bobby McCorvey n'entendra même pas la cloche annonçant le deuxième round. Rien ne semble arrêter Matthew qui pense devenir une source d'inspiration pour ses frères. Mais ses victoires le placeront seul sous le feu des projecteurs. Dave junior et Alex devront attendre leur tour.

Les deux aînés vont combler leur attente par des séjours en prison. Les chefs d'inculpation : conduite en état d'ébriété, voie de faits, etc. Puis, un événement tragique survient le 5 septembre 1986.

En bordure de la Route 340, à un kilomètre du petit village de Saint-Clet dans le secteur de Valleyfield, Stewart, qui s'en allait sur ses 18 ans, et son amie de cœur, Lucie Diotte, perdent la vie. Il est 16 h 30, en ce vendredi 5 septembre. La petite Mazda, conduite par Stewart, dérape lors du dépassement d'un véhicule. La voiture, devenue incontrôlable, s'écrase dans un fossé. Elle prend subitement feu, et les deux passagers, emprisonnés, meurent carbonisés...

Stewart était alors le plus jeune boxeur professionnel du Canada. Il avait gagné quatre combats, et on lui prédisait un grand avenir. C'est l'aîné de la famille, Dave junior qui ira l'identifer à la morgue. Après s'être acquitté de cette tâche macabre, il dira : « Ce corps difforme et carbonisé, ce n'était pas lui ! »

Plus de 350 personnes se réuniront dans la petite église anglicane de Saint-Luke, dans le quartier Rosemont à Montréal, pour lui rendre un dernier hommage. Les quatre frères portent le cercueil. La justice avait accordé une permission spéciale à Alex, alors détenu à Parthenais, pour participer aux obsèques.

« Stewart était le bébé de la maison, m'expliquera Henri Spitzer, un promoteur, mais aussi un proche de la famille. Il ressemblait beaucoup à Dave junior. Il a boxé deux fois pour moi. » Spitzer secouera la tête, avec nostalgie et tristesse, avant d'ajouter : « Stewart était sans doute le plus sérieux des cinq frères. Il venait souvent se confier avant un combat. La veille d'une rencontre importante, il frappait à la porte de ma chambre d'hôtel, pour me faire part de ses craintes, de ses angoisses. Mais jamais de ses peurs, car il n'avait peur de personne ! »

Dave sera peut-être le plus marqué par la disparition de son frère. Il glissera progressivement dans un enfer pavé d'alcool et de drogues. Lente et vertigineuse descente qui ternira son quotidien, ponctué de bagarres dans les bars et de séjours en prison.

Pendant ce temps, Matthew reprend le chemin des gymnases. Deux mois à peine après la disparition de son frère Stewart, Matthew remonte dans le ring à Las Vegas contre Frankie Owens. Le pauvre Américain ne dépasse pas les deux

Photo : Tony Triconi

Matthew. Une face d'ange, mais un tueur dans le ring !

reprises. En décembre 1986, c'est au tour de William Clayton de subir le même sort.

1987 sera vraiment l'année de Matthew. En février, il passe le K.-O. au redoutable Wilfredo Benitez, au neuvième round. En avril, c'est Muhamed Eltassi qui s'écroule après deux reprises. Arrive enfin le mois de juin 1987, et le championnat du monde !

Un championnat du monde à Montréal

Le 5 juin 1987, l'hôtel Maritime, du boulevard René-Lévesque, à Montréal, est en pleine effervescence. Le promoteur Henri Spitzer a convoqué la presse pour midi. Il faut dire que, toute la semaine, les négociations auront été serrées, et que c'est seulement la veille de la conférence de presse, à 23 h, que l'avocat de Spitzer, Cooke Lazarus, paraphe l'entente finale. Devant une meute de journalistes, Spitzer annonce la tenue d'un combat de championnat du monde à Montréal, opposant Matthew Hilton au redoutable Buster « The Demon » Drayton. Le combat, d'une durée de 15 rounds, se tiendra le 27 juin dans le ring du Forum de Montréal, vers 16 h 30. « Je peux enfin affirmer que je remplis aujourd'hui la promesse, formulée aux amateurs montréalais en 1980 quand j'ai débuté ma carrière de promoteur professionnel, à l'effet que je leur donnerai certainement la chance, un jour, d'assister à un championnat du monde auquel prendrait part un boxeur local », déclare Spitzer devant un parterre de journalistes ébahis.

C'est le délire dans le modeste hôtel montréalais ! Jamais, depuis 34 ans, un boxeur montréalais n'avait été retenu pour un combat de championnat du monde. La dernière fois, c'était en 1953. Armand Savoie avait été mis K.-O. par l'Américain Jimmy Carter. Le dernier Québécois ayant combattu pour un titre mondial fut Gaétan Hart, de Buckingham, en 1980. Ce combat l'opposait à Aaron Pryor pour le titre des super-légers de la WBA. Et la dernière fois que Montréal avait vibré au rythme d'un championnat du monde, cela se passait au Stade olympique, en juin 1980, lors du duel historique entre Sugar Ray Leonard et Roberto Duran.

Matthew a 21 ans. Il possède une fiche de 26 victoires en autant de combats, dont 23 remportés par K.-O. ! Buster Drayton, quant à lui, revendique 30 victoires en 33 combats, dont 10 par K.-O. Son parcours est tout simplement terrifiant ! Il a dû attendre 12 ans pour remporter le titre mondial des super mi-moyens de l'IBF et en sera à sa troisième défense de titre. Les deux fois précédentes, il les a d'ailleurs remportées par K.-O. !

Le manager de Drayton, le Britannique Mickey Duff, déclare à l'issue de la conférence de presse : « Écoutez, j'ai dirigé durant ma carrière 17 champions du monde et, croyez-moi, aucun jusqu'à maintenant n'a remporté un titre mondial plus méritoire que celui gagné par Buster l'année dernière. Ce gars-là a des poings d'acier, il ne fera pas de cadeaux ! »

Le petit Matthew n'impressionne pas du tout le démolisseur Drayton : « J'ai gagné ce titre en défaisant le Portoricain Carlos Santos, en donnant mon sang et ma sueur (c'était le 4 juin 1986). Je l'ai défendu deux fois, contre le New-Yorkais Dave Moore et ensuite contre le Français Fred Skuma. Chaque fois, mon adversaire a fini au plancher. Je m'attends à une bonne opposition, mais ce gars-là (Matthew Hilton) ne me délogera pas ! » L'invitation, même sarcastique, était lancée !

Pendant que « The Demon » s'entraîne au Centre Paul-Sauvé, le Clan est réuni à quelques kilomètres de là. À 10 jours du combat le plus important de la carrière de Matthew, mais aussi de l'histoire du Clan, la tension est à son comble dans la résidence de la rue Bourget, à Rigaud. La nervosité est palpable dans tous les recoins de la demeure, sauf chez Matthew. À 21 ans, le troisième des Hilton est tellement confiant qu'il tentera lui-même de calmer ses frères, tendus comme des ressorts.

Il faut dire que Matthew est le moins turbulent et le moins exubérant de la famille. Sa mère, Jeanne, confie à l'époque au spécialiste de la boxe du *Journal de Montréal*, Daniel Cloutier, que Matthew tient plus de sa mère que de son père ! « Lorsque j'étais enfant, confie-t-elle, je ne disais jamais un mot plus haut que l'autre et je ne dérangeais absolument personne autour de moi. Matthew n'a jamais pu extérioriser ses sentiments, mais moi je sais quand il est heureux ou très angoissé. Lorsque Stewart est mort, personne dans la famille n'a mieux caché sa peine que Matthew, mais moi je sais à quel point ça l'a miné. Seulement, avec lui, il n'y a jamais de signes très apparents de tristesse ou de joie suprême... » Force tranquille, confiance inébranlable en ses moyens, c'est Matthew ! Derrière celui que Jeanne surnomme affectueusement le « p'tit blond inoffensif », se cache pourtant un réel démolisseur des rings.

Jusqu'au 27 juin, le Clan retient son souffle. Malheur à celui qui voudrait briser cette relative et apparente tranquillité. Pour le père, le combat de Matthew pourrait agir comme un levier pour remettre Alex et Dave junior sur le bon chemin, celui de la gloire et des dollars. Ce sera peine perdue.

Pendant que la nervosité et la tension montent graduellement dans le Clan, les paris vont bon train. Même si personne ne conteste la détermination et la puissance des poings de Matthew, on émet toutefois des réserves du côté de la discipline. Matthew saura-t-il gérer le stress d'un championnat du monde ? Aura-t-il l'énergie nécessaire pour se rendre jusqu'à la limite, lui qui n'a jamais dépassé la 10e reprise ?

En attendant de trouver la réponse à ces questions, le pugiliste rejoint le Centre Paul-Sauvé, pour les entraînements publics. Puis, arrive enfin le moment de vérité pour Matthew, mais aussi pour tout le Clan, le 27 juin 1987.

Un animal dans le ring

Dès midi, les abords de la rue Sainte-Catherine commencent à se remplir. Une foule hétéroclite fait les cent pas sur le trottoir. Les portes du Forum de Montréal s'ouvrent enfin. Politiciens, chanteurs, mais aussi amateurs anonymes, envahissent lentement les estrades. Parmi les spectateurs, on aperçoit Pat Supple, l'ancien champion canadien des poids coqs, ainsi que Bob Connell, l'ancien joueur de baseball. Des vedettes comme Claude Blanchard ou le chanteur de renommée internationale, Gino Vanelli, se font aussi remarquer. D'anciens députés comme Jacques Olivier ou Raymond Dupont sont venus pour le combat. Claude Poirier, de CKVL, et l'un des gros canons de CJMS, Gilles Proulx, se trouvent là également.

Il ne faudrait pas oublier non plus la centaine de supporteurs écossais qui ont traversé l'Atlantique pour assister au spectacle. Contrairement à la légende largement répandue, les Hilton n'ont jamais été irlandais. La confusion est née à la suite d'une invitation de Brian Mulroney. L'ancien premier ministre avait convié la famille Hilton à sa table le jour de la Saint-Patrick. Dès lors, tout le monde s'est imaginé que les Hilton étaient irlandais.

Le Forum est maintenant rempli. Les 10 000 personnes commencent à scander «MATTHEW... MATTHEW... MATTHEW...» Il est 15 h 19 quand Matthew entre dans le ring sous un déluge de cris et d'applaudissements. Le tumulte est tel que l'arrivée de Drayton, deux minutes plus tard, passe totalement inaperçue. Tous les regards sont maintenant rivés sur le jeune boxeur.

Le présentateur Robert «Bob» Rivest expose les fiches respectives des deux hommes. Quand il présente le *challenger*, on a du mal à entendre les chiffres de 26 victoires, 23 K.-O. et 0 défaite, tant le vacarme est intense. La lecture de la fiche de Drayton, forte de 30 victoires dont 10 par K.-O., se fait sous les huées partisanes. Le micro est soulevé loin du ring, qui redevient le fief des belligérants. La cloche retentit, le combat peut commencer!

Comme deux pur-sang qui piétinent avant la course et qui s'envolent quand la barrière se lèvent, les deux hommes explosent dans le ring. Les adversaires s'échangent férocement les coups. Comme il l'avait promis, Matthew se jette littéralement sur son adversaire. Le combat s'élève rapidement à un rare niveau d'intensité. Cela durera jusqu'à la 49e seconde, où survient un coup de théâtre démentiel, incroyable, inimaginable!

Matthew accueille Drayton avec un redoutable direct du droit qui l'envoie, sans verdict, au plancher. La foule exulte! Les 10 000 spectateurs se lèvent pour acclamer Matthew. On pense que ça y est, que le K.-O. est définitif et que la victoire est dans le sac. C'était mal connaître « The Demon » qui cache plus d'une vie dans ses gants. Il faut savoir aussi que c'est la quatrième fois seulement que Buster Drayton se retrouve au plancher durant sa très longue carrière.

« J'ai absolument tout donné au premier round, dans l'espoir de le descendre, et je croyais vraiment pouvoir y arriver après l'avoir expédié au tapis », dira Matthew après la rencontre. Matthew a sous-estimé la résistance hors du commun de son adversaire. Il n'en revient tout simplement pas lorsque le champion en titre se relève pour continuer le combat.

Au deuxième round, pour conserver ses forces, Matthew étudie son adversaire, essayant tant bien que mal de placer quelques *uppercuts* et crochets. Une patience et une minutie qui vont faire la différence. Round après round, Drayton revient à la charge, faisant durement payer chaque coup, comme s'il voulait faire taire l'insolence de son jeune rival.

Après 10 rounds, Matthew a de l'avance aux points. Drayton le sait et va tout tenter pour inscrire des points. À l'extérieur du ring, on entend les coups sonner comme le marteau sur l'enclume. Drayton n'en revient pas de la résistance de la mâchoire écossaise.

Au 14e round, Drayton sait que le retard est considérable et qu'il doit passer le K.-O. s'il veut conserver son titre. Pour le secouer, son manager, Mickey Duff, lui dit que c'est ce round ou jamais, et qu'il doit tout donner pour remporter la victoire.

La cloche annonçant la fin du 14e round retentit. Sous les regards incrédules du public, mais aussi du coin Hilton, Drayton saisit alors Matthew par le cou, lui fait l'accolade et lève les bras au ciel, comme si le combat était terminé ! Pour expliquer cette situation pour le moins cocasse, le manager Mickey Duff dira par la suite, non sans un certain embarras, qu'il avait annoncé à son poulain que c'était le dernier round, pour lui signifier que c'était celui-là ou jamais. Mais Buster prendra la directive au premier degré, ce qui explique son geste à la fin du 14e round, geste qui déclenchera l'hilarité générale.

La cloche annonce le début du 15e round. Les deux hommes se saluent, comme à l'habitude, en tapotant leurs quatre boules de cuir. Matthew, qui curieusement n'arbore aucune blessure sur le visage, attaque le round avec une détermination farouche, lui-même surpris d'avoir encore autant d'énergie après 15 engagements.

Les 10 000 spectateurs sont debout et scandent « MATTHEW… MATTHEW… MATTHEW… » Soulevé par la foule, Matthew enchaîne les combinaisons avec une vigueur déconcertante. « J'ai fini le combat aussi fort que je l'avais entrepris », soutiendra Matthew à sa descente du ring. Il finira même le combat en mitraillant son adversaire, comme si la leçon n'avait pas suffi.

La cloche qui annonce la fin du combat résonne comme celle de Notre-Dame saluant la Cour des Miracles. Cette fois l'accolade est de rigueur. Chacun lève les bras au ciel en signe de victoire. Mais, Drayton sait, au fond de lui, que c'est fini…

Avec la boxe, pas d'entourloupe. À la fin du combat, l'athlète, s'il est honnête, sait qui a été le plus fort. Les épaules du perdant se voûtent tandis qu'il regarde fixement le plancher, en quête d'un ultime refuge. Le boxeur se laisse progressivement envahir par la honte, même s'il pourrait légitimement être fier de sa performance. C'est comme un gamin, qui aurait chapardé et qui s'est fait tirer l'oreille, qu'il regagne son coin, l'air penaud !

La cloche retentit à nouveau, plusieurs fois, pour réclamer un impossible silence. Le présentateur Robert « Bob » Rivest s'avance, s'empare du micro qui lui est tendu et annonce la décision des juges : 147-138, la foule jubile, 146-139, la voix du présentateur est couverte par le vacarme de la foule jusqu'au moment d'annoncer le dernier résultat, 140-140. Robert « Bob » Rivest proclame, avec un large sourire, mais en perçant à peine le concert d'applaudissements : « Vainqueur aux points et nouveau champion du monde, MATTHEW.EW. EW.EW. EW.EW.EW.EW... HILTON ! »

Un tohu-bohu indescriptible suit cette annonce. Les cris de joie rencontrent les visages rougis par l'émotion. L'allégresse est totale. Dans le coin Hilton, les yeux du père se remplissent d'eau, comme une débâcle printanière suscitée par l'émotion, crevant cette carapace virile forgée au cours de décennies de rudesse.

Dave senior racontera à Daniel Cloutier, qui en était à sa 38e couverture de championnat du monde pour le *Journal de Montréal* : « J'ai travaillé toute ma vie pour voir un de mes fils devenir champion du monde de boxe professionnelle, et ce rêve vient de se concrétiser. Vraiment, nous vivons intensément chacune de ces minutes... »

Quant au nouveau champion, il plane au-dessus des nuages : « Je savoure pleinement le plus grand moment de gloire de ma vie. Dire que personne ne me croyait capable de gagner une guerre d'usure contre Drayton ! » Il ajoutera, pour illustrer l'importance de sa victoire : « Ce Drayton est un animal dans le ring ! »

Un animal que Matthew a su dompter !

La victoire, et cette nouvelle ceinture remise par Bobby Lee, le président de l'*International Boxing Federation,* seront célébrées sans le promoteur américain, Don King. Faut-il y voir un signe annonciateur de rupture ? Le mariage entre les Hilton et Don King est-il destiné à un divorce imminent ?

Certaines personnes, proches du milieu pugilistique canadien, ont une tout autre analyse de l'événement et n'hésitent pas à parler du « savoir-faire Don King ». Une source digne de foi m'a fait cette révélation troublante : « Don King voulait à tout prix confirmer sa mainmise sur le Clan Hilton. Il avait du mal à discipliner cette bande de "gypsies". Il voulait également montrer qu'il était le seul maître dans le monde de la boxe en Amérique du Nord et que, s'il avait de puissants soutiens à New York, des alliances avec des membres du milieu montréalais étaient possibles. C'est pourquoi il aurait "acheté facilement" le championnat du monde. »

Cette affirmation soulève bien des questions, qu'aurait alimenté davantage un K.-O. après 40 secondes...

Photo : Tony Triconi

Matthew devient le premier champion du monde
du Clan.

Un championnat du monde
qui deviendra une farce

Il y a déjà plus de trois mois que les hourras du Forum se
sont tus. Après avoir savouré pleinement sa victoire, Matthew
s'est remis à l'entraînement. Il faut dire que la meute de
boxeurs qui court après son titre se fait de plus en plus
pressante.

Pour préserver son nouveau « capital », Don King choisira un adversaire modeste pour la première défense de titre
de Matthew. Le risque de perdre le combat sera quasiment
nul, même si chacun des 10 plus importants boxeurs du
monde de la catégorie peut causer une surprise.

Ce sera au tour de l'Américain Jack Callahan, neuvième
aspirant à la couronne mondiale, de tenter de ravir le prestigieux titre. Même si King déborde de confiance, il se montre

prudent dans ses déclarations à la presse : « Callahan n'est pas le premier venu, et sa neuvième position mondiale n'est pas le fruit du hasard. Il est tout de même invaincu en 25 combats. » On découvrira par la suite que la vérité est moins éloquente...

Le 16 octobre 1987, Matthew monte dans le ring du Convention Hall d'Atlantic City pour défendre, pour la première fois, son titre de champion du monde des super mi-moyens de l'IBF. Les 13 000 spectateurs présents vont en avoir pour leur argent, car le combat principal de la soirée oppose nul autre que Mike Tyson, le vieux copain des Hilton, à Tyrell Biggs, pour le titre mondial unifié des poids lourds. Tout le monde s'attend, véritablement, à un massacre !

En attendant la boucherie des poids lourds, la cloche du premier round des super-moyens sonne. Matthew amorce le round avec un calme olympien, ce qui prouve qu'il n'aurait peut-être pas dû refuser de se joindre à l'équipe olympique parce que la fédération canadienne ne voulait pas de son père comme entraîneur ! Il étudie son adversaire pendant deux minutes, y allant de simples jabs. Mais la dernière minute du premier round ressemblera à un feu d'artifice.

Un déluge de coups s'abat sur l'Américain. Une série de crochets dévastateurs, décochés par Matthew, touche Callahan avant qu'il puisse se rendre compte de ce qui lui arrive. La plupart des journalistes présents ne donnent pas cher de sa peau.

La deuxième reprise est à peine commencée que Matthew assène un solide direct du droit à son adversaire, le coupant sévèrement à l'arcade sourcilière droite. Dès lors, ce n'est plus qu'une question de temps. Le voyant fragilisé par la perte abondante de sang, Matthew place de solides coups à la tête de Callahan, avec une précision toute chirurgicale. Les combinaisons du Québécois envoient l'Américain une première fois au plancher. Mais Callahan réussit à se relever, certainement plus poussé par l'orgueil que par la volonté d'affronter une nouvelle fois son démolisseur. Un solide crochet du gauche le renvoie toutefois au tapis. Mais, cette fois, c'est la sonnerie de la cloche qui le sauve du décompte fatal.

L'Américain, ensanglanté, a toutes les peines du monde à rejoindre son coin. Tel un ivrogne particulièrement éméché, Callahan peine à s'arrimer à son tabouret. Voyant l'Américain auréolé de sang et de désespoir, l'arbitre Rudy Battle suit l'avis du médecin et met fin au combat. Matthew Hilton conserve sa ceinture de champion du monde !

Pendant que la fête bat son plein dans le vestiaire des Hilton, le poids lourd Mike Tyson termine son entreprise de démolition aux dépens de Tyrell Biggs. Une véritable boucherie qui connaîtra son issue au septième round. Deux gauches consécutives mettront fin au calvaire du pauvre Biggs, que son manager avait du mal à reconnaître à la fin du combat !

Une fois revenus à leur hôtel d'Atlantic City, au petit matin, non sans avoir copieusement arrosé la victoire, les Hilton vont quelque peu déchanter. Le combat de Matthew est perçu, par la presse, comme une véritable farce !

Le journaliste Michael Katz, du *Daily News* de New York, résume le combat de Matthew avec ce titre : « La fiche de 24-0 de Callahan équivaut à zéro ! » L'enquête menée par Katz sur les 24 combats de Callahan lui avait permis de découvrir qu'ils avaient tous eu lieu dans le même État, l'Indiana, et que tous ses adversaires possédaient des fiches misérables. Katz cite l'exemple d'un certain Georges Reedy qui a boxé contre Callahan. Reedy avait une fiche d'une victoire, 20 défaites et une nulle. Reedy avait été mis hors de combat 15 fois avant que Callahan ne l'envoie, à son tour, au pays des rêves, après trois rounds. Callahan poussera même le vice jusqu'à accorder un combat revanche, que Reedy perdra de nouveau, à la quatrième reprise !

Une fois de plus, le rusé King s'était illustré dans l'une de ses légendaires magouilles.

Matthew ne boxera plus au Québec

Le ton commence à monter entre les Hilton et Don King. La relative harmonie qui dure depuis 1985 commence à prendre des allures de mauvais concert avec des couacs à répétition. Il faut dire que Matthew n'a plus boxé au Québec depuis son combat de championnat du monde. La restructuration de la boxe québécoise, consécutive à l'enquête sur les rapports entre le crime organisé et la boxe, ne facilitera pas les relations entre les deux clans.

Le juge Bernier, qui était en charge du rapport dénonciateur, prendra désormais les rênes de la boxe professionnelle au Québec. Cela sonne le glas des activités de Don King en territoire québécois, au grand dam des Hilton.

Pour bien saisir la nébuleuse dans laquelle flottait Don King, il faut revenir à la veille du combat Hilton-Drayton, le 26 juin 1987. King sera interpellé à la frontière par la GRC, et subira un long interrogatoire qui fera ressortir l'existence d'un casier judiciaire. Le casier dévoile des poursuites du fisc

américain à l'encontre de King, et des peines d'emprisonnement.

Un article de Michel Blanchard, paru dans *La Presse* en
2001, retrace l'essentiel des démêlés de King. En 1967, il a été
emprisonné quatre ans à la suite d'une histoire de meurtre.
Il obtenait toutefois le pardon quelques années plus tard. En
1985, il est finalement acquitté d'une accusation d'évasion
fiscale et de fraude. Il fait par la suite face à la justice pour
une affaire de pots-de-vin aux dirigeants de l'IBF dans le but
de modifier, à l'avantage de son écurie, le classement des
boxeurs. Une enquête a aussi été menée lorsqu'il a touché
une prime d'assurance de la Lloyd's après que son poulain,
Julio Cezar, s'est mystérieusement blessé à l'entraînement.
Encore une fois, rien n'a pu être retenu contre lui. Le poids
lourd Tim Witherspoon poursuit King en justice pour n'avoir
touché que 80 000 $ sur une bourse d'un million ! Witherspoon
gagnera cette cause, qui impliquait d'autres accusations, et
King devra lui verser 10 millions de dollars en dédommage-
ment. Ce n'est pas tout : Mike Tyson et King sont aujourd'hui
devant les tribunaux dans une cause qui fait beaucoup jaser.
Tyson a intenté une poursuite de 100 millions de dollars
contre King ! Ce procès risque de traîner, car King a répliqué
en poursuivant Tyson à son tour.

Devant la GRC, King se défend en invoquant une cabale.
Il déclare n'avoir plus de casier judiciaire depuis une quinzaine
d'années, puisqu'il a obtenu une absolution du Sénat américain. Par conséquent, aux yeux de la loi, il est un homme libre
et intègre...

Outré par les procédures douanières, King déclare, avec
sa verve légendaire : « Pourquoi ce harcèlement ? Les Montréalais ont attendu un siècle pour avoir un champion du

monde bien à eux, et ce champion se ferait maintenant chasser. Je ne comprends pas un tel acharnement, surtout après tout ce que j'ai fait pour Montréal. C'est même grâce à moi si Michael Jackson est venu donner son concert à Montréal ! » King conclura : « Puisque c'est ainsi, Matthew Hilton ne boxera plus au Québec ! »

Les choses vont rapidement s'envenimer. Les Hilton n'auraient pas apprécié non plus le mauvais tour joué lors de la mise sur pied du combat de Matthew contre Callahan et la mauvaise presse qui s'est ensuivie.

Le divorce est consommé

« Je ne veux plus demeurer associé à un promoteur qui nous exploite honteusement », s'écrie Dave junior. Il est hors de lui. Il dénonce l'exploitation que Don King leur fait subir, à ses frères et à lui. Il accuse le promoteur américain de lui organiser des combats sans envergure. De freiner sa carrière. « J'en ai marre des propositions farfelues de Don King ! S'il ne veut pas me payer selon les conditions du contrat, et s'il n'a à m'offrir que des jambons que je peux descendre en moins d'un round, je resterai inactif jusqu'à la fin de mon contrat ! »

La guerre est déclarée ! Il faut dire que Dave n'a pas complètement tort. Selon des proches des Hilton et quelques observateurs américains de l'époque, les conditions du contrat, signé en 1985, stipulaient que Dave recevrait 20 000 $ pour ses deux premiers combats et 50 000 $ pour chacune de ses présences subséquentes dans le ring. La réalité fut tout autre. Don King lui offrait une bourse de 5 000 $ pour des combats inutiles au développement de sa carrière !

Cette injure déclenchera la colère de l'aîné du Clan, qui claquera la porte malgré les menaces du promoteur. Après une série de réconciliations aussi subites qu'éphémères, Dave quitte définitivement l'écurie King.

Matthew, lui, a encore deux années de contrats à respecter. Mais Don King n'est pas au bout de ses peines avec les frères Hilton. Car son vrai « capital », Matthew, est en train de se dégrader.

Malgré son titre mondial, Matthew n'est déjà plus que l'ombre du champion qu'il est devenu. Une caricature, grasse et difforme, qui a du mal à se déplacer. Les problèmes de poids de Matthew ne sont pas nouveaux. Après la conquête de son titre mondial des super mi-moyens (il pesait alors 154 lb), les gens arrivaient à peine à le reconnaître dans la rue. Le promoteur Henri Spitzer confiera : « Les excès de poids de Matthew étaient chroniques, récurrents. Je l'ai même vu peser jusqu'à 200 lb ! »

Ces excès de poids à répétition vont déclencher l'ire de Don King : « Matthew devra se grouiller, sinon nous allons devoir prendre des sérieuses décisions. La situation a assez duré ! » L'ultimatum de l'Américain est lancé, mais il n'obtiendra pas les résultats escomptés. Don King a oublié une petite chose : on ne menace pas un Hilton !

En dépit du contrat qui l'enchaîne à Don King, Matthew déclare : « Leur ultimatum me passe un pied au-dessus de la tête ! En me révoquant, Don King me rend un immense service, j'avais de toute manière décidé de ne plus boxer pour lui ! » L'entêtement écossais viendra à bout du terrifiant Don King !

Le déclin de Matthew

Bob Arum, le grand rival de Don King, a longuement observé la guerre entre les Fighting Hilton et son ennemi juré. Il prend acte de leur divorce prématuré. Arum a maintenant le champ libre pour récupérer les trois frères. Une douce revanche qu'il avait longuement mûrie. Certains prétendent qu'Arum aurait voulu mettre la main sur les Hilton avant King, en 1985, mais qu'on l'en aurait « dissuadé » !

En engageant les Hilton, s'il veut en tirer le maximum, Arum sait qu'il doit jouer sur une corde sensible : l'appât du gain ! Pour remettre Matthew en forme, Bob Arum lui organise un combat « facile ». Mais ce qui va réellement motiver Matthew, c'est qu'une victoire le rapprocherait de la bourse d'un million de dollars promise par Bob Arum pour un éventuel combat de championnat du monde pour le titre unifié des super mi-moyens. Le nouveau promoteur pensait que cette carotte juteuse pourrait faire courir Matthew jusque-là. Le champion du monde reprend donc le chemin de l'entraînement, avec l'idée fixe d'en finir le plus rapidement possible avec ce combat « facile ».

Bob Arum choisit, comme premier adversaire, Robert Hines, un boxeur négligé à quatre contre un. C'est dire s'il s'attend à une victoire aisée de son poulain. Le 4 novembre 1988, le ring du Las Vegas Hilton Sports Pavillon vibre au son des vivats de la foule qui attend fébrilement l'entrée des boxeurs.

Après les présentations d'usage, faites par le présentateur maison, les deux boxeurs écoutent d'une oreille distraite les recommandations de l'arbitre. La cloche du premier round

60

retentit et, comme c'est son habitude, Matthew tente rapidement d'établir qui est le « maître » du ring.

Après trois minutes, les deux hommes regagnent leur
coin, mais on sent que Matthew est impatient et qu'il veut
en finir au plus vite, comme si un rendez-vous plus important l'attendait. Le gong annonçant la reprise des hostilités
n'a pas fini de résonner que Matthew bombarde son adversaire de coups. Hines se retrouve au plancher.

On pensait alors que le champion du monde s'envolerait
vers une victoire facile, mais c'était sans compter sur l'obstination de Hines qui, visiblement, n'était pas venu pour faire
de la figuration. Matthew amorce la troisième reprise avec la
certitude de venir à bout de l'Américain. Soudain, un violent crochet du droit, comme seul Matthew en avait le secret,
envoie Hines une nouvelle fois au tapis. Sans même attendre
le compte final de l'arbitre, Hilton lève les bras au ciel en signe
de victoire. Mais, encore une fois, l'Américain se relève. Cette
fois, le doute s'installe chez Matthew, car il a fait fondre son
capital d'énergie depuis le début du combat.

C'est un Hilton moulu qui entame le quatrième round.
Incapable de trouver son deuxième souffle, Matthew goûte à
son tour aux combinaisons dévastatrices de son adversaire.
Hilton encaissera les coups sans réagir, comme un vulgaire
sac d'entraînement. Pour respecter les ententes, Matthew a
dû perdre beaucoup de poids durant les jours qui ont précédé le combat. Cela a considérablement diminué ses forces.

Les rounds suivants évoqueront une mise à mort. Au
bout des poings de Hines, c'est une pâle imitation de champion qui vacille. L'Américain sent que la victoire est à sa portée. Il enchaîne les combinaisons en martelant Hilton, qui

fait de plus en plus penser à une poupée de chiffon. Matthew est en train de subir toute une correction !

A-t-il seulement le temps de se rendre compte de ce qui lui arrive ? Le faste qui s'éteint, la superbe qui se liquéfie, la chute aux enfers ? Matthew est en train de payer pour ses excès de poids, et pour ses excès tout court. Les abus, commis au cours de soirées de bombance, lui ont laissé une lourde dette. La justice parfois cruelle du ring vient de s'abattre sur le pugiliste. Elle lui rappelle qu'on ne peut pas tricher avec elle !

Matthew connaîtra ce sursaut d'orgueil qui l'empêchera d'aller au plancher. Au terme des 12 engagements, le verdict est implacable : 116-110, 114-111 et 112-111. Les haut-parleurs confirment l'échec du Québécois : « The... New champion in the world… Robert Hines ! »

Hines, qui a été le seul à visiter le plancher durant ce combat, devient tout de même champion du monde des super mi-moyens de l'IBF. L'Américain, sans fausse modestie, déclare : « Je vous l'avais dit, Hilton était un champion du monde hautement surestimé. Je lui ai servi une véritable leçon de boxe ! »

Le Clan Hilton prétextera une blessure musculaire à l'abdomen, survenue avant le combat, pour essayer de sauver la face. Matthew ne comprend pas encore que la fin de la route est proche. Car, contrairement à d'autres sports, la boxe a ceci d'impitoyable : si vous arrivez en haut de l'échelle et que le barreau se brise, il faut recommencer en bas. Recommencer à gravir, un à un, les échelons, avec un sinistre sentiment de déjà-vu. Pour couronner l'irrémédiable échec, Matthew voit s'envoler le million de dollars promis pour le titre unifié contre le Texan Donald Curry.

Du ring à la prison

Les Hilton quittent alors les pages sportives, où ils brillaient souvent, pour aller noircir celles des faits divers. C'est Alex qui inaugure l'interminable liste des délits. Abus d'alcool, rixes, voies de faits, conduites avec facultés affaiblies...

Après une première cure de désintoxication qui échoue, Alex reprend le chemin des cellules en AA. Il avait quelques mois à purger seulement cette fois-là, mais il réussit à se mettre dans l'eau chaude. Alex sera accusé et condamné à cinq ans de réclusion pour agression sexuelle sur un codé-tenu ! En fait, c'est un coup de pied dans les testicules qui est devenu, pour les gardiens, une agression sexuelle.

Alex se défendra en disant qu'il avait voulu « corriger » un violeur d'enfants. Il ne comprend pas la sévérité de la peine. « On m'a puni pour avoir instinctivement défendu la décence, plaidera le boxeur. J'ai agi instinctivement au nom de ma haute spiritualité pour régler le cas d'un répugnant animal agresseur d'enfants. » S'il avait su, seulement, ce que l'avenir réserverait au Clan en matière de pédophilie...

Son ami et confident, le célèbre animateur de radio Gilles Proulx, me confiera que cette affaire avait été montée de toutes pièces, et que l'ampleur de l'événement avait été pro-portionnelle à la popularité des Hilton. « Il a vraiment voulu corriger un détenu coupable de mauvais comportements, mais sa réputation l'a précédé... »

Pendant qu'Alex est en prison, Matthew, qui s'est momen-tanément recyclé en tenancier de brasserie, verra son capital partir en fumée. Les affaires de la brasserie de Rigaud n'allaient vraiment pas fort. Matthew avait même rencontré « trois acheteurs potentiels », et l'affaire devait se régler.

Un soir, Matthew se rend au chevet de son grand-père malade, à Sarnia. Pendant qu'il est absent, un incendie se déclare à la brasserie. Le commerce sera une perte totale ! On ne connaîtra jamais les causes du sinistre, mais certains proches rencontrés parlent de « règlement de comptes ».

Matthew a géré son établissement comme il a géré sa carrière de boxeur. En déléguant, en faisant confiance. Avec, pour résultat, que trois gérants sur quatre sont partis en creusant d'énormes trous dans la caisse. Quant au quatrième, il est parti avec la caisse au grand complet !

Les frères Hilton semblent destinés à cumuler les déboires. En mai 1991, deux individus font irruption dans un Dunkin' Donuts, le visage recouvert d'un bas de nylon et l'arme au poing. Ils ressortent quelques instants plus tard avec leur butin en main. Cent soixante malheureux dollars, chapardés dans le tiroir-caisse !

La courte fuite devant deux autopatrouilles des policiers de la CUM n'est même pas digne d'un film de série B. Les deux voleurs sont finalement capturés. Les policiers découvrent sous les bas de nylon, avec stupéfaction, deux ex-champions boxeurs : Dave junior et Matthew Hilton. Le verdict tombe : six mois de prison ! La prison porte-t-elle alors conseil aux deux boxeurs ? Le 31 novembre marquera le retour dans le ring des deux frères.

Matthew, l'ex-champion du monde, est opposé au coriace Clarence White, d'Indianapolis. On voit que Matthew a un peu perdu le poing dans les trois premiers rounds, allant même au plancher à la fin du troisième. Se souvenant peut-être de l'adage du père : « C'est en se relevant qu'on prouve qu'on est un véritable champion », Matthew retrouve ses crochets d'antan, au détriment de White qui met le genou à terre au sixième round. Le reste du combat ne sera plus qu'une formalité. Hilton revient au score pour finalement remporter le combat.

Dave junior, quant à lui, revenait dans le ring après deux ans d'absence. Le boxeur était évidemment un peu rouillé. Mais ses coups vont reprendre graduellement leur vigueur naturelle. Malgré l'imprécision des attaques de l'aîné des Hilton, les directs sont toujours aussi puissants. Complètement surclassé, Anthony Ivory repartira bredouille de l'auditorium de Verdun, pour retourner dans son Chicago natal.

Amateurs et spécialistes se plaisent à rêver au retour définitif des champions. C'était sans compter sur un certain naturel qui revenait au grand galop !

« Il y a toujours une voiture de police à trois heures du matin sur la route transcanadienne ! » C'est ce qu'ont dû se dire les deux ex-champions lorsqu'ils furent interceptés en état d'ébriété. Là encore, s'engage une courte poursuite qui ne restera pas dans les annales. Le juge sera dépité par une liste de délits aussi longue qu'insignifiante, résumant assez bien le tiers de vie de Dave et de Matthew. Cette arrestation survient la veille d'une conférence de presse annonçant leurs prochains combats...

Ces va-et-vient entre la une des faits divers et celle des pages sportives deviendra le quotidien des Hilton. Matthew n'est maintenant plus que l'ombre de lui-même, il ira jusqu'à se faire humilier par le plus que modeste Pee-Wee Flint, sur un ring d'Halifax. Entre-temps, il trouve le moyen avec Jimmy de détrousser des touristes du Nouveau-Brunswick, sortis dans un bar de Pointe-Claire. Ce mauvais coup lui vaut évidemment un autre séjour à Bordeaux.

Matthew emprisonné, Dave junior se demande qui embarquer dans ses galères. Il choisira Alex, fraîchement sorti de ses cinq ans de prison. Un nouveau titre pas très glorieux pour le Clan coiffe le *Journal de Montréal* : « Dave et Alex Hilton arrêtés pour hold-up ». Rien de bien original, sauf que le délit se déroule dans la réserve d'Akwesasne, dans la résidence de deux contrebandiers. Une somme de 16 000 $ a été dérobée. Les deux frères seront repérés par la police sur le Pont international de la voie maritime, car ils ne voulaient pas acquitter la somme du péage, alors fixée à 2,25 $!

L'animateur vedette de radio et de télévision, mais aussi un ami de la famille, Gilles Proulx, livre une autre version des faits : « La tante des deux frères Hilton avait, dans l'après-midi, gagné une grosse somme d'argent au bingo qui se tient dans la réserve. En sortant, elle se serait fait agresser et délestée de l'argent. Elle prévient aussitôt les deux neveux qui ne s'embarrassent pas d'une longue réflexion pour venger l'honneur de leur vieille tante. Ils se rendent sur la réserve et, avec la complicité d'un de leurs amis qui y vit, retrouvent les agresseurs qui vont vite devenir les victimes ! » Ce hold-up a bien sûr pris des proportions dignes de la réputation des Hilton. En guise de récompense, toutefois, les deux frères reprennent le chemin désormais familier de Bordeaux.

Deuxième partie

Le Clan entre en guerre

Le retour d'Alex

« **V**ous ne pouvez pas savoir à quel point je suis content qu'on parle de moi dans la section des sports au lieu des premières pages ! » Cette déclaration d'Alex, faite la veille de son combat contre l'Américain Mike Bonilawski, surprend les journalistes qui ont suivi ses innombrables frasques. Certains se plaisent quand même à rêver au retour d'un Hilton sur les rings montréalais.

À 30 ans, on dirait qu'Alex souhaite tourner la page. D'ailleurs, il ne sera pas avare de confidences sur ses nombreux séjours en prison. « J'ai tellement souffert durant les cinq ans passés derrière les barreaux, explique Alex. J'ai tout perdu, ma carrière, mes amis, ma femme, mes deux enfants. J'avais l'impression d'être un mort vivant ! »

Quand on lui rappelle les années quatre-vingt, qui auraient dû être triomphales, le fait que les Hilton étaient une véritable machine à fabriquer de l'argent, et qu'on lui demande comment il explique un tel gâchis, Alex répond, avec une étonnante lucidité : « Nous étions jeunes et la pression était écrasante sur nos épaules. Tout le monde nous disait que nous allions devenir des champions du monde, et nous n'avions pas le droit de perdre un seul combat. Alors, pour chasser la pression, on se lançait dans l'alcool, avec les conséquences que l'on connaît. On a pris une mauvaise direction, il faut bien l'admettre. »

Dès lors, Alex renoue avec la victoire. Il viendra même à bout d'Alain Bonnamie, le seul boxeur qui ait battu son frère Dave, en 10 reprises ! Le retour d'Alex Hilton suscite la frénésie chez les amateurs de boxe à Montréal. Ils se plaisent à imaginer le choc de titans qui pourrait survenir entre l'étoile montante, Stéphane Ouellet, et Alex Hilton.

Alex, que l'on considérait moins talentueux que Dave et Matthew, a maintenant retrouvé sa confiance. Ce retour résulte d'une longue quête. Alex l'attribuera en partie à la réconciliation avec son père. « Je n'obtenais pas toute l'attention que j'aurais voulue. Je réalise toutefois que j'ai souvent laissé tomber mon père en ne tenant pas mes promesses. Cette réconciliation, c'est la grosse différence dans ma vie. J'ai enfin compris que j'avais besoin de lui pour devenir un meilleur homme et un meilleur boxeur... »

C'est dans cet esprit que Dave senior prépare son fils Alex pour le combat qui est déjà sur toutes les lèvres : Hilton-Ouellet. Les tribunes téléphoniques des principales émissions de radio ne dérougissent pas, alimentées par les déclarations sulfureuses des deux belligérants. « Hilton est, disons, un vieux lion, tandis que moi je suis une jeune panthère ! » déclarera Ouellet. La réplique ne se fait pas attendre : « Ouellet semble oublier que le lion est le roi de la jungle ! » Au fil des jours, la confrontation Hilton-Ouellet se trouvera au centre de toutes les conversations et chacun ira de ses prédictions.

On attend plus de 16 000 spectateurs au Centre Molson. Le promoteur Roger Martel est aux anges, car il voit les recettes s'accumuler. « Je n'aurais jamais imaginé que, deux semaines avant le combat, nous aurions assez de billets vendus pour couvrir nos frais. »

Alex Hilton contre Stéphane Ouellet : un goût d'inachevé

Nous sommes le 29 juin 1996, et la tension est à son comble. Les estrades du Centre Molson se remplissent au fil des combats qui jalonnent cette soirée consacrée à la boxe.

Signe des temps, c'est un combat féminin qui ouvre la soirée, devant une foule perplexe qui découvre la chose. L'Acadienne Nora Daigle, qui enchaîne les combinaisons dans un style très différent de celui de Sugar Ray Leonard, gagnera tout de même le public à sa cause et recevra ses encouragements. Daigle ajoutera un K.-O. à sa fiche immaculée, expédiant au tapis l'Américaine Sue Chase, sous les applaudissements d'un public qui constate ce qu'une femme peut faire dans le ring.

Au fil des combats, le public s'impatiente, car il n'est venu que pour le clou de la soirée, le duel Hilton-Ouellet. Ce combat, le public l'a déjà joué lors des tribunes téléphoniques et dans les innombrables courriers des lecteurs. Il veut maintenant voir si ses prévisions vont se réaliser.

C'est Alex qui, au son des cornemuses, entrera le premier dans l'arène. Son entrée bruyante déconcertera quelques Hells Angels égarés dans la foule. La procession de la délégation Hilton se fera sous les hourras des partisans qui parviendront à couvrir les huées des admirateurs du poète des rings. Les Hilton sont encore aimés, ils arrivent à séduire les plus récalcitrants. Alex prend possession du ring comme si c'était sa demeure, inspectant chacun des recoins pour montrer aux gens qu'il est chez lui et qu'il entend y rester !

Pendant ce temps, une musique commence à se faire entendre dans les haut-parleurs et un énorme nuage de fumée envahit l'enceinte du Centre Molson. L'effet est grandiose et possède, en même temps, quelque chose d'inquiétant. La fumée se dissipe lentement et laisse apparaître une silhouette devenue familière au public qui reconnaît son champion. Le bruit devient assourdissant, mais Stéphane Ouellet demeure concentré et marche en cadence avec la musique. Une musique de conquérant, puisque le poète utilise le thème musical du film *Christophe Colomb* pour faire une entrée triomphale ! Arrivé au pied du ring, il grimpe les marches d'une démarche royale, comme s'il rentrait dans son palais. Le spectacle tant attendu peut commencer !

Dès les premiers échanges, on sent qu'il n'y aura aucun respect entre les deux hommes. La foule observe un Hilton vieilli, usé par les abus, mais qui possède encore de beaux réflexes. Des réflexes qui, à tout moment, peuvent faire la différence. Ouellet le sait. Il demeure prudent et ne force pas trop son talent.

La force de ses directs en disent tout de même long sur l'issue prochaine du combat. Alex connaît quelques sursauts qui peuvent laisser croire à un dénouement différent, mais Ouellet touche la cible avec une précision incroyable. Il s'amuse finalement comme un chat avec sa proie, faisant durer le plaisir malgré une fin inéluctable.

Les rounds s'enchaînent, sans changer une ligne au scénario. Alex connaîtra bien quelques explosions, suscitant de furieux échanges, mais le public n'y verra que des pétards mouillés. Lorsque la cloche annonce le début du huitième

Photo: Tony Triconi

Alex lors d'un combat contre Stéphane Ouellet. Les amateurs auront comme un goût d'inachevé.

round, Ouellet, à la grande surprise de la foule, se présente seul dans le ring. L'arbitre annonce la fin du combat !

Tandis que Ouellet se jette dans les bras de son entraîneur, Yvon Michel, la consternation gagne le Clan Hilton. Alex ne peut pas continuer le combat, il s'est luxé l'épaule ! Le public, qui n'a pas encore accès à ces informations, est déchaîné. Certains spectateurs exigent le remboursement de leurs billets, d'autres grognent que le combat est arrangé. Le public rentrera chez lui en maugréant, jurant qu'on ne l'y reprendrait plus. Mais le temps et la passion du spectacle finiront par l'emporter.

Pendant que les amateurs frustrés déversent leur fiel par le truchement des tribunes radiophoniques, les promoteurs flairent la bonne affaire : une revanche !

Le retour de Dave

Pendant que les amateurs spéculent sur un deuxième affrontement entre Alex et Stéphane Ouellet, Dave junior est enfin sorti de sa torpeur et s'est remis à l'entraînement. Cela fait maintenant quatre ans que Dave n'a plus mis les gants sérieusement, trop occupé avec ses allers-retours en prison.

Le promoteur Henri Spitzer, qui a plus d'un tour dans son sac, imagine un retour digne de Dave : un combat revanche contre Alain Bonnamie, une autre figure connue de la boxe montréalaise. Six ans après avoir connu la défaite, Dave tentera de venger son honneur. Vengeance, honneur perdu, voilà des mots suffisants pour attirer les foules.

Six ans plus tard, Hilton, s'il souhaite revenir au plus haut niveau, devra montrer que Bonnamie n'est pas de taille. Malgré quelques petits bourrelets à la taille, Dave n'a rien perdu de sa prestance. Sa gouaille toute écossaise ressurgit chaque fois qu'un micro approche : « Dave Hilton is back ! »

Dès le début du combat, on s'aperçoit que la condition physique de Bonnamie est meilleure que celle de Hilton. Il n'est, du reste, nullement impressionné par les simagrées d'un Hilton diminué par les années et le poids. Les crochets, eux, sont cependant demeurés intacts. Puissants, lourds, menaçants. Pendant que Bonnamie tente d'exprimer son art, Hilton lui oppose des coups de bûcheron. Ce combat aux styles irréconciliables semble plaire au public qui s'est rangé, depuis le début, derrière le mauvais garçon des rings. Le magnétisme de Hilton aura même raison des juges.

Arrivé au terme des 12 reprises, Hilton regagne péniblement son coin et attend patiemment la décision des juges.

La plupart des journalistes présents donnent deux points d'avance à Bonnamie et préparent déjà leur papier du lendemain. Soudain, à l'étonnement général, les juges annoncent la victoire de Dave Hilton. Les huées couvrent les timides applaudissements. Selon les observateurs, les juges ont voté pour la force brute et spectaculaire au détriment du style et de l'art. Certains avanceront même l'idée d'un arrangement, puisque Bonnamie n'était pas assez vendeur pour les matchs locaux. Tandis qu'un Hilton…

Les huées vont tomber dans l'oubli, mais Dave sait qu'à vaincre sans panache, on triomphe sans gloire ! Ce triomphe éphémère réveille de vieux démons. Dave décide de rendre visite à la famille à Guelph, en Ontario. L'ivresse de la victoire se mélange une nouvelle fois à celle qui revient sans cesse le hanter. Roulant à une vitesse excessive, il est intercepté et refuse de passer le test d'alcoolémie. Cela vaut une nouvelle comparution à Dave. Sa plaidoirie cherchera à convaincre le juge d'une persécution à cause de son nom et de sa réputation. Le verdict tombe comme un coup sur la mâchoire : trois mois derrière les barreaux !

Alex Hilton contre Stéphane Ouellet : la revanche

Pendant que Dave se retrouve une nouvelle fois avec sa conscience, Alex s'entraîne comme un damné. Il faut dire que l'enjeu est de taille : il doit prendre sa revanche et venger l'honneur du Clan !

Le combat revanche entre Alex Hilton et Stéphane Ouellet est finalement organisé et se tiendra le 3 avril 1997. « Il n'y a aucun doute dans mon esprit que ce match est le plus important de toute ma carrière », déclare Alex. Celui-ci se dit métamorphosé depuis sa défaite par abandon à la fin du septième round, le 29 juin 1996 : « Je ne suis plus le même homme. Cette fois, j'ai tous les atouts en main, et je me prépare à livrer une guerre ! »

Le boxeur se sent revigoré, car depuis sa blessure à l'épaule, Alex a inscrit trois victoires. Deux aux dépens du Californien, Abaz Bey Williams, et une contre Joey Irish Elvis Stevenson, une espèce de petit pantin irlandais, tout droit sorti d'un roman de Dickens, possédant un style approximatif, mais une volonté et une détermination idiomatiques.

Ce regain de confiance d'Alex est aussi intimement lié au retour du chef du Clan. À deux mois du nouveau combat contre Ouellet, Alex trouve le courage d'appeler son père. Deux années de silence les avaient séparés. Le chef avait renié Alex un mois et demi avant son premier combat contre Ouellet, car à l'époque, Alex sautait les entraînements. Après un seul et unique avertissement, Dave senior confirme la rupture : « Tu ne veux pas m'écouter, alors arrange-toi avec tes troubles ! »

Alex a vécu cette rupture comme un deuil. Une fois de plus, celui qui marchait dans les pas de ses frères était délaissé par l'âme du Clan. Alex devenait, aux yeux des autres, un vilain petit canard sans promesse de métamorphose. Chaque journée sera pour lui un calvaire. Ce qu'Alex ignore toutefois, c'est que son père vit la même douleur. « J'aime mes garçons plus que ma propre vie », confiera un Dave senior rongé par la tristesse.

Ces milliers d'heures précieuses, perdues lors de cette séparation douloureuse, vont connaître une conclusion heureuse. C'est l'épouse d'Alex, Linda, qui jouera le rôle de médiatrice dans cette guerre interne. Une femme de tempérament, qui a su tailler sa place dans un clan exclusivement masculin et hostile à tout jupon qui pense !

C'est l'ami et agent d'Alex, l'animateur Gilles Proulx, qui est à l'origine de la rencontre. Il se souvient que : « C'était une belle petite Chinoise qui voulait s'entraîner. Je l'ai donc orientée vers le gymnase d'Alex, et le destin a fait le reste. » Linda est une femme de caractère qui n'a pas peur de s'imposer. C'est elle aussi qui veille au grain quand Alex veut retrouver ses anciennes « maîtresses », les bouteilles. Gilles Proulx est aussi intervenu pour que le père et le fils renouent.

Mais c'est l'épouse d'Alex qui réussira à convaincre le père de donner une nouvelle chance à son fils : « Vous avez toujours accordé une seconde chance à tous vos fils, pourquoi pas à Alex ? » Cette remarque fouettera l'orgueil de l'Écossais, peu habitué à se faire parler de la sorte par une femme. Peut-être s'est-il assagi ? Malgré l'électrochoc de l'intervention de la petite Chinoise, c'est Alex qui donnera signe de vie le premier.

Les deux hommes ont chacun l'oreille collée au combiné du téléphone. Un lourd silence règne, que percent les respirations saccadées des deux mâles. Ils s'observent à distance, tels les boxeurs aux premiers rounds d'un long combat. « Daddy, I am sorry, I need you », dira Alex d'une voix tremblante, entrecoupée de sanglots. À l'autre bout du fil, Dave senior encaisse l'un des plus solides coups de sa carrière ! La gorge nouée par l'émotion, le père laisse tomber : « J'arrive, mon gars... » Le père avouera plus tard : « Je voulais l'appeler autant qu'il le voulait. Ce qu'il a fait était difficile, il a été plus homme que moi! »

Les deux hommes vont se retrouver, comme toujours quand ça va mal, au Club Champion, de l'ami Georges Cherry. Avant de se remettre à l'entraînement, le père et le fils vont s'enlacer, pleurer ensemble, puis effacer le passé.

Le combat approche et les spéculations vont bon train. Pour Alex, c'est le combat de la dernière chance. Un titre canadien pourrait le faire remonter dans les classements et entraînerait le retour des jours glorieux.

Ce duel épique oppose aussi deux visions de la boxe. Alex est monté sur les rings professionnels à l'âge de 17 ans. Depuis, il n'a fait que boxer. Il a mangé autant de coups qu'il a mangé de boxe. Il vient de traverser 15 années de difficultés. Quinze années au cours desquelles, accablé de remords, il aura cherché des solutions. Car Alex boxe aussi dans sa tête. Comme ses frères, il n'arrive que difficilement à distinguer la vie réelle de l'arène. Il mène un combat perpétuel pour accepter, dans la société, d'autres lois que celles du ring. Cette confusion entre deux mondes aux règles distinctes hantera chaque membre du Clan.

Celui qu'Alex s'apprête à rencontrer pour une deuxième fois se dit poète. Ouellet est un boxeur qui aime être dans le ring, mais qui fuit délibérément tout ce qui peut l'y mener. Une contradiction irréconciliable aux yeux des spécialistes. « Non, une philosophie! » réplique ce boxeur qui s'inspire du chanteur disparu, Jim Morisson.

Dix printemps

Le combat va commencer
La violence va bientôt arriver
Simple foire de coups vicieux
Véritable guerre, terrain dangereux

La douleur me fait souffrir
J'avance encore, prêt à mourir
Il y a un obstacle à ma survie
Accroupi dans le coin
Bientôt ce sera fini

Je me relève, par peur des huées
Gladiateur courageux, je me dois de continuer
Toute cette souffrance pour être vainqueur
Poing haut levé, la haine quitte mon cœur

D'innombrables marques sur mon corps tuméfié
Retournant m'assoupir, repos bien mérité
Rêvant de cet affrontement pour quelques dollars
M'ouvrant les yeux, quel cauchemar

Stéphane Ouellet
(avec l'aimable autorisation du boxeur)

Pour Ouellet, « la boxe est un gagne-pain ». Le poète se trouve aux antipodes des Hilton. Il exècre l'effort, il crache sur la vie de spartiate que requiert le titre mondial. En un mot, Ouellet n'aime pas la boxe ! Cela fait toute la différence entre un boxeur susceptible de magnétiser les foules et celui qu'elles bouderont. Le public mettra pourtant du temps à le comprendre.

Pendant que Ouellet procède aux dernières retouches de son bronzage, Alex se dépense sans compter à l'entraînement, faisant pousser les coups au même rythme que sa barbe.

Le Centre Molson se remplit lentement pour cette soirée, qualifiée d'« historique » par les « grands spécialistes » de la radio des tribunes téléphoniques. Quinze mille spectateurs sont attendus. Le ring paraît bien petit à côté des dizaines de tables installées à la hâte, comme un restaurant champêtre improvisé.

Des rires, des éclats de voix fusent du coin réservé aux célébrités. Près du ring, l'identité des rieurs se précise. On distingue une douzaine de têtes grises, à la voix rauque, vieillie par les abus de toutes sortes. On remarque les mains rongées par l'arthrite, les visages burinés par les coups, par la vie. À voir cette table totalisant des milliers de rounds, on dirait d'anciens potaches réunis pour une soirée de retrouvailles. Dans leur cas, leur seule école fut le ring, la rue.

Le public privilégié, qui peut s'en approcher, reconnaîtra lentement des légendes vivantes de l'histoire de la boxe. En identifiant les visages, on ferme les yeux pour se remémorer ces combats magiques, mythiques, qui ont fait leur renommée. Des combats qui auront eu, dans certains cas, des allures de véritable guerre !

Archie Moore rigole avec Yvon Durelle, Fernand Marcotte taquine Donato Paduano, comme si le temps avait lentement effacé les rivalités. Le seul qui reste un peu songeur, c'est Robert Cléroux, sans doute déçu de l'absence de son grand rival, Georges Chuvalo. Au milieu de ces anciens champions, un petit bonhomme portant des grosses lunettes rit à gorge déployée. Ceux qui peuvent s'approcher découvriront, avec étonnement, l'identité de cet homme. Aucun doute possible, c'est lui : LA LÉGENDE, Jack La Motta, *Raging Bull* en personne ! Le plus entêté, le plus déterminé, le plus courageux, peut-être, de tous les boxeurs de l'histoire. Il se trouve là, assis comme un simple mortel...

Le plus audacieux protagoniste de la colonie journalistique de l'époque, le Rimbaud des pages sportives, Robert « Bob » Duguay, s'approche alors de la légende, et avec le front et la naïveté des poètes lui demande :

— Est-ce que vous l'haïssiez vraiment ?

— Qui ?

— Sugar Ray.

— Non, non, répond La Motta, la haine n'a pas sa place dans la boxe. Ce qui se passe lors d'un grand combat, transcende tout ce que les êtres humains ordinaires peuvent ressentir. Entre Sugar Ray et moi, s'est installée une connivence qui a fini par devenir une amitié. Il m'a même fait l'honneur de me servir de témoin lors de mon second mariage.

L'échange entre le journaliste et le champion déviera quelques instants de sa trajectoire, puis se terminera comme suit :

— Vous savez, jeune homme, n'oubliez pas que Dieu m'a créé pour boxer !

— Au revoir, monsieur La Motta, et merci !

Du grand « Bob » comme dirait Foglia !

En s'éloignant de la table des légendes, le spectateur peut croiser la sémillante Christiane Charrette, contrastant avec la faune qui se tient à deux pas d'elle, des Hells Angels toujours aussi friands de soirées de pugilat. Le cinéaste Pierre Falardeau et le caricaturiste Serge Chapleau y vont de leurs pronostics, tandis que le chanteur Éric Lapointe et l'humoriste Patrick Huard signent quelques autographes. L'animatrice Julie Snyder vient tout juste de prendre place près du ring. La table est mise, le combat peut commencer !

Comme à son habitude, Stéphane Ouellet réplique aux droites confuses de Hilton par un jab méthodique. Alex peine à atteindre cette cible de plus en plus mobile. Au deuxième round, Ouellet augmente d'un cran ses attaques et commence à matraquer son adversaire, le coupant sévèrement à l'arcade sourcilière. À la fin de ce round, Alex regagne péniblement son coin.

Le chef du Clan l'accueille avec un sérieux avertissement : « Il va falloir que tu fasses quelque chose, parce que tu es sévèrement coupé. L'arbitre peut mettre fin au combat à n'importe quel moment... » C'est un Alex nerveux qui retourne dans le ring pour le troisième round. Au moment d'amorcer une attaque, le sang commence à envahir son œil, le privant d'une vision adéquate. Ouellet en profite pour l'atteindre d'un solide direct du droit. Alex se retrouve au plancher.

En se relevant, à la force d'un orgueil tout écossais, Alex voit flotter au-dessus de sa tête la serviette annonçant l'abandon. Le père, déçu mais conscient de la supériorité du poète du ring, dira : « J'aurais voulu faire stopper l'affrontement à la fin du deuxième round. La coupure était très vilaine. J'ai toutefois réussi à la refermer. Lorsque la coupure s'est rouverte au troisième, je n'ai pas hésité un seul instant... »

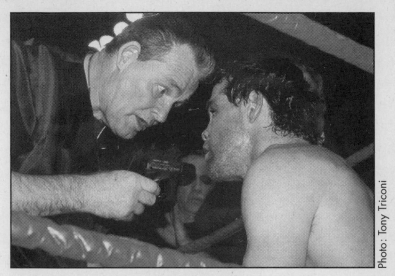

Le chef du Clan est inquiet pour son fils, Alex.

Un train peut en cacher un autre

Avec huit points de suture à l'arcade sourcilière, Alex reconnaîtra la supériorité de son adversaire : « Je ne me suis pas battu contre n'importe qui. Stéphane est le deuxième aspirant mondial chez les poids moyens. Je pense avoir livré un bon combat, mais Stéphane était trop fort ce soir ! »

Une fois de plus, les gens resteront sur leur faim. Cette lutte inachevée sera une nouvelle source de frustration pour le public, de même que pour les deux camps. Les spectateurs, encore une fois, n'auront pas reçu de réponse à leurs questions.

Avant le combat, Alex avait fait cette remarque, presque prémonitoire : « Nous serons comme deux bêtes prises au piège, et il n'y a rien de plus dangereux que cela ! » Certains parleront de la fragilité d'Alex pour expliquer sa défaite, d'autres, de la malchance qui le suit à la trace, comme un petit nuage installé en permanence au-dessus de sa tête. Qu'importe, là où un Hilton faillit à la tâche, un autre se lève.

Dave junior n'est plus derrière les barreaux. Il s'est remis à l'entraînement. Avant le combat entre Alex et le poète, il déclarait : « Ouellet ne passera pas à travers. Je crois toujours que mon frère va gagner, car il a plus de cran et de détermination. Au cas où Ouellet causerait une surprise, s'il en cause une, il me trouvera sur son chemin ! » La perspective d'un affrontement avec Ouellet motive désormais Dave junior.

Cette remarque de Dave envoie un signal au poète, à la manière des écriteaux qu'on place en bordure des voies ferrées pour avertir les gens du danger qu'il y a à traverser les rails : « Attention, un train peut en cacher un autre »...

La vengeance du Clan

La raclée subie par Alex forcera Dave Junior à sortir de sa « retraite ». Il faut absolument venger l'honneur du Clan, bafoué par Stéphane Ouellet. Pour parfaire sa préparation, Dave choisit de revenir aux sources, au Club Champion de Georges Cherry !

Georges accueille l'aîné, malgré les multiples « trahisons » des Fighting Hilton. On recueille bien les « chats de ruelles », pourquoi pas les boxeurs en déroute ! Le Club Champion, c'est un peu le refuge des mal-aimés de la société. Georges les reçoit sans préjugés, à condition qu'ils respectent le très court règlement, faisant aussi office de contrat. Ce règlement est affiché à l'entrée du gymnase et annonce les couleurs du club :

• Règle numéro 1 : pas de blasphèmes !

• Règle numéro 2 : pas de drogues.

• Règle numéro 3 : ne pas oublier de payer vos cotisations.

Georges, qui pose fièrement avec son frère Normand Cherry qui a jadis été ministre du travail et des transports sous Bourassa et Johnson, en connaît long sur les difficultés de la vie. Il découvrira, à l'âge de cinq ans, sa mère pendue dans la cuisine familiale. Son père prendra éventuellement le chemin de la prison. Mais ça n'a pas empêché Georges de poursuivre sa vie en gardant la tête haute ! Quand on lui dit que Dave junior a gâché son talent, qu'il s'est réfugié dans l'alcool et les drogues à la suite de la mort de son frère Stewart, Georges ne peut s'empêcher de hocher la tête...

C'est au milieu d'affiches, jaunies par le temps, annonçant des combats mémorables et sous les portraits d'anciens champions boxeurs que Dave tente de retrouver sa forme d'antan. Sugar Ray, Smoking Joe et Archie Moore sont là, photographiés avec Georges, comme s'ils épiaient les moindres gestes de l'aîné des Fighting Hilton. On avait l'impression que ces champions d'une autre époque scrutaient à la loupe les déplacements, les combinaisons, l'ardeur au combat, le plus petits mouvements de l'aîné du Clan. Seraient-ils eux-mêmes perplexes face à ce nouveau retour du champion ?

Dave s'entraîne comme jamais. Georges n'en revient pas. Cela ressemble à un rêve.

Les jours suivants se chargeront de jeter une douche d'eau froide sur l'enthousiasme qui règne dans la petite salle de la rue Bélanger. Le jeudi 6 août 1998, Georges se lève et, comme à son habitude, commence sa lecture du *Journal de Montréal*. Il croit s'étouffer avec sa gorgée de café lorsqu'il découvre la nouvelle : Dave senior et Jimmy Hilton, coupables de voies de faits !

Encore une fois, les Hilton font la une. Encore une fois, une tranche de petite vie. La scène s'est déroulée dans un magasin de LaSalle. Il ne restait qu'un seul disque compact de Céline Dion en promotion dans le bac. Un homme de 63 ans s'est penché pour le ramasser. Le chef du Clan voulait également ce disque. Comme cela arrive avec des gamins jouant aux billes, la chicane a éclaté entre les deux hommes. Le ton a monté d'un cran, et comme à l'habitude, les poings des Hilton ont été plus rapides que leur raison. L'ancien champion de boxe a assommé le pauvre homme. Jimmy, le benjamin du Clan, a même aidé son père à tabasser le sexagénaire. Tout ce grabuge pour un pauvre disque ! C'est consternant !

Un vieil homme a eu la malchance de croiser le chemin des membres du Clan qui, eux, recroiseront celui de la Justice. Le fils sera condamné à six mois de prison. Le père s'en tire avec une amende de 1 000 $.

Le temps passe et les préparatifs du combat entre Dave junior et le poète entrent dans leur dernier droit. Cette fois, le père ne sera pas dans le coin de Dave. C'est un autre ami de la famille, l'entraîneur d'origine libanaise Chuck Talhami, qui conseillera Dave lors de l'affrontement. Talhami a gagné la confiance du chef du Clan, en dirigeant la carrière de Mario Cusson dans les années quatre-vingt.

Dans le camp Ouellet, on est confiant mais prudent. L'entraîneur, Yvon Michel, perçoit Dave comme un adversaire nettement plus dangereux que son frère cadet : « Alex est hargneux mais prévisible dans un ring. Dave, lui, est un vrai félin. Il est rapide et attaque toujours lorsque l'adversaire s'y attend le moins. »

Dans le camp Hilton, on sait que l'enjeu est de taille. C'est le match de la dernière chance pour un Dave Hilton qui aurait dû connaître la gloire 10 ans plus tôt. Dix années perdues à jamais, que Dave met au compte d'un deuil éprouvant.

La cicatrice ouverte par la mort de Stewart n'a jamais trouvé de fil assez solide pour être refermée. Anna Maria, épouse et mère des quatre enfants de Dave, tentera en vain de le raisonner. « Il m'arrive de me demander ce qui se serait passé si Stewart n'était pas mort, a-t-elle déclaré. C'est à ce moment-là que la dégringolade s'est amorcée. La boxe ne voulait plus rien dire pour Dave. C'était comme si une partie de lui-même était morte dans cet accident. »

La force de conviction toute sicilienne d'Anna Maria triomphera de l'obstination écossaise. Pour secouer Dave, Anna Maria lui donnera en exemple son propre frère, un champion, le célèbre Arturo Gatti : « Arturo empoche beaucoup d'argent, tu pourrais en gagner deux fois plus. C'est pécher de gaspiller un tel talent ! » Pour fouetter l'orgueil écossais, Anna Maria avait trouvé la bonne recette !

Cette fois, Dave a peut-être pris conscience qu'il a maintenant une grande famille, de quatre enfants à nourrir : Jeannie (13 ans), Anne-Marie (11 ans), Dave Junior (6 ans) et Jack (5 ans). Il veut leur montrer qu'il est devenu un autre homme, un père différent. C'est Jeannie, l'aînée des enfants, qui favorise cette prise de conscience tardive : « Pour un travail à l'école, elle avait choisi la boxe comme sujet. En fouillant dans mes albums souvenirs, Jeannie était surprise de voir que j'avais déjà été une grande vedette. Elle m'a demandé pourquoi je n'étais jamais devenu champion du monde... »

Était-ce l'orgueil, la honte éprouvée devant sa fille, ou encore le miroir qui lui renvoyait l'image d'un trentenaire bedonnant qui a réveillé le champion qui sommeillait? Peut-être les trois raisons sont-elles bonnes. Sinon, il faudrait en chercher une mauvaise: la soif égoïste de la gloire et des clameurs qui l'accompagnent...

Les mois passent, et Dave est fin prêt. Stéphane Ouellet, lui, en a soupé des entrevues. Il veut maintenant passer aux choses sérieuses.

C'est jour de pesée officielle; la salle Baccarat du Casino de Montréal est pleine à craquer. Dave s'avance vers la balance pour la vérification officielle. L'aîné des Fighting Hilton affiche une forme exceptionnelle, qui fait oublier ses années de débauche. Il se présente avec une fiche de 35 victoires, une seule défaite et trois matchs nuls. Tout, dans son attitude, montre ses intentions: battre, coûte que coûte, son adversaire!

Le poète du ring se présente à son tour, avec cette nonchalance qui le caractérise. Pour lui aussi, l'enjeu est de taille, car il sait qu'un combat de championnat du monde s'approche. Lui aussi semble déterminé. Ceux qui le connaisse bien verront dans son regard une espèce d'indifférence, comme s'il était encore dans un de ses poèmes. La déclaration sulfureuse de son copain, Éric Lucas, n'aura même aucun effet sur lui: « Dave Hilton va en prendre plein la gueule demain soir! » L'air maussade du poète cache peut-être quelque chose de plus sérieux. Le célèbre photographe Tony Triconi questionnera alors: « Et s'il avait peur? »

L'avenir allait lui donner raison.

Le mauvais garçon peut rêver

Le Centre Molson a revêtu ses habits de gala pour le combat entre Dave Hilton et Stéphane Ouellet, en cette soirée du 27 novembre 1998. Tout ce que Montréal compte de célébrités est là, plus quelques visiteurs de dernière minute.

Il faut dire que, la veille du combat, tous les regards convergeaient vers le palais de justice de Montréal où le jury devait rendre son verdict dans l'affaire Maurice « Mom » Boucher, accusé du meurtre de deux gardiens de prison en 1997. L'acquittement sera célébré par les motards au pied du ring. Ils seront plus d'une cinquantaine, arborant fièrement les couleurs des Hells Angels et des Rockers, à souligner bruyamment la libération de leur chef. Fier de ce nouveau pied de nez à la justice, Maurice Boucher fera une entrée triomphale dans le Centre Molson, comme si c'était lui la vedette de la soirée. Toutes les caméras de télévision semblent vouloir jouer son jeu et vont se ruer sur lui. Les journalistes seront tout de même tenus à distance de la vedette improvisée par des gardes du corps qui étaient, eux, loin d'être improvisés !

Tout ce remue-ménage a capté l'attention de la foule qui rate presque l'arrivée des deux vraies vedettes de la soirée. Comme c'est son habitude, Dave fait son entrée au son des cornemuses. En entendant la foule le saluer, on se dit que Dave Hilton a déjà gagné sa première bataille, celle du pardon. Le boxeur ne demande rien de moins à son public que de passer l'éponge sur 10 années de frasques. Il s'avance lentement vers le ring, savourant chacun des pas qui le ramènent dans le droit chemin, celui qu'il n'aurait jamais dû quitter.

Dans ses yeux, brûle une détermination farouche. Celle qui animait le Maurice Richard des grands soirs !

Dave est dans une forme du tonnerre. La veille du combat, lors de la pesée officielle, la balance annonçait 157,9 lb, à la grande surprise de plusieurs. Six mois auparavant, le boxeur faisait plus de 190 lb !

Dave se trouve maintenant dans le ring, paré pour un combat de 12 rounds. Il tourne pendant quelques minutes dans l'arène, scrutant chacun des recoins, pour bien s'imprégner de l'atmosphère de lutte qui l'attend et pour se remémorer aussi les victoires passées. Concentré au maximum, Dave ne se formalisera en rien de l'entrée théâtrale de son adversaire.

La fumée, les vivats et la musique triomphale du film *Christophe Colomb* vont ponctuer la procession du poète des rings. Dans les yeux de Stéphane Ouellet, couve ce curieux mélange d'inquiétude et d'absence. L'enjeu pour Ouellet est pourtant énorme. Il doit absolument gagner s'il veut obtenir son combat de championnat du monde contre le Français, Hassine Chérifi. Un affrontement dont le contrat est pratiquement paraphé pour le début de l'année suivante. Stéphane entre dans le ring sans émouvoir le Clan Hilton. Il enlève méthodiquement son peignoir, laissant apparaître de nouveaux tatouages, fidèles compagnons de ses états d'âme. Une longue chaîne maladroitement dessinée, qui accueille un crucifix, lui couvre la poitrine, tandis qu'un fragment de poème de Jim Morisson descend sur l'avant-bras.

La tension est palpable aux quatre coins du ring, mais aussi dans la foule de 15 000 spectateurs. La cloche annonçant les présentations se fait entendre faiblement, mais les deux belligérants, eux, n'attendaient que ce signal pour se présenter au centre du ring. Pendant que l'arbitre, Denis Langlois, donne ses consignes, les deux adversaires se fixent du regard, chacun essayant d'intimider l'autre. La haine s'exhale à partir de ces quatre miroirs de l'âme. Les deux hommes ne se sont jamais respectés. Ce soir, chacun connaît le drame qui peut se jouer. La soirée marquera peut-être le point de non-retour pour Dave, ou elle ouvrira les portes de l'avenir pour Stéphane.

L'enjeu spectaculaire du combat donne le ton pour un duel épique. À la fin, il n'y aura qu'un gagnant. L'avenir de chacun des belligérants se jouera en moins d'une heure et, pour uniques accessoires, quatre boules de cuir. La seule cuirasse des combattants est leur propre corps, meurtri par des années de coups, coups qui font de plus en plus mal tandis que les ans s'accumulent. La fatigue de ces deux corps se trouve en plus augmentée par les soirées et les nuits de débauche.

Essayez de saisir l'état d'esprit de ces deux acteurs qui jouent une pièce en 12 actes, mais qui savent qu'un seul sera présent pour la tombée du rideau. Un seul aura droit aux hourras, à la reconnaissance, aux micros, aux flashes des caméras. À la une du lendemain. Cruel destin que celui des gladiateurs du ring !

La cloche du premier round libère les deux boxeurs, affamés de coups après des mois d'entraînement et un régime d'ascète. Pendant les trois premiers rounds, les adversaires vont s'observer patiemment, économisant leurs forces. Ces trois rounds, Dave Hilton les a dominés avec son jab vif et sec, tenant à distance son opposant qui fait preuve d'un calme surprenant. On saura par la suite que Dave, avec son jab, avait fracturé le nez de Stéphane au milieu du troisième round, lui rendant la respiration difficile.

Ouellet ouvre la machine à la quatrième reprise, multipliant les combinaisons. Elles n'ébranleront pourtant pas beaucoup un Dave en parfaite condition physique.

Au sixième round, on croit que ça y est, que Stéphane a trouvé la faille. Il enchaîne trois superbes gauches qui secouent Dave. Mais cela réveille le félin qui sommeille en lui, et les sept vies qui l'accompagnent. Dave se ressaisit et recommence à danser et à narguer son adversaire, cherchant à le déconcentrer.

Des droites solides s'enchaînent au septième et huitième round, permettant à Dave de se maintenir dans la course. Stéphane a maintenant le visage enflé, comme si un camion venait de le frapper. Il ne ralentit pas son rythme pour autant, sûr de venir à bout du surprenant Hilton. Celui-ci montre une fraîcheur étonnante après autant de rounds. Les attaques de Stéphane au 9e, 10e et 11e rounds se heurteront à la forteresse écossaise, sans lui causer le moindre dommage.

Les spectateurs pensent alors que Hilton va manquer d'énergie, que le poids des années va le rattraper et que la préparation du sorcier libanais, son entraîneur Chuck Talhami, va perdre ses effets magiques. Le 12e et ultime round donnera la réponse à toutes ces questions.

Ce dernier acte offrira trois minutes de boxe d'une qualité exceptionnelle. Une boxe qui semble monter du plus profond des abîmes, sans artifice, dans sa forme la plus pure. Un dernier round comme celui-là peut changer la face des choses.

C'est au dernier round, habituellement, que s'installent le doute, l'angoisse et parfois même la peur chez le boxeur. Le dernier round, c'est l'ultime cigarette qui relie le condamné à mort à la vie, les minutes qui restent à l'horloge de la classe, un jour d'examen, avant que l'élève ne rende sa copie. C'est au cours du dernier round, aussi, que se loge la duperie. Un jeu de fourbe, de vilain magicien, commence alors. L'un des deux boxeurs pourrait sortir un as de sa manche ou un lapin de son chapeau, détournant ainsi l'attention de son adversaire, dans l'espoir de lui porter le coup de grâce.

Comme un torero, le boxeur a planté pendant 11 rounds ses banderilles, cruelles flèches qui vident petit à petit l'animal de son sang afin de l'affaiblir. C'est seulement dans la phase finale qu'il découvre s'il sortira avec les deux oreilles de la bête vaincue ou avec sa corne plantée au corps en guise de vengeance.

Au dernier round, la boxe fouille au plus profond de l'être, vide la moindre parcelle d'énergie. La plus petite réserve d'un muscle affaibli sera précieusement puisée, telle une mince goutte d'eau restée dans l'outre du voyageur égaré dans le désert. Au 12e round, l'arène devient le Sahara du boxeur qui traque l'ultime étincelle de vie.

Les 15 000 spectateurs sont maintenant debout, presque sur la pointe des pieds. Ils savourent chaque seconde des derniers instants de cette bataille de titans. Ils contemplent cette traversée du désert où le boxeur, dans un état second, aperçoit l'oasis salvatrice ou bien un sinistre mirage...

Ouellet amorce le dernier round en lion, même s'il sait que son avance est considérable. Il ne suivra pas les consignes de son entraîneur, Yvon Michel, qui lui recommande la

Photo: Tony Triconi

Dave junior venge son frère Alex en passant le K.O.
à Stéphane Ouellet.

patience : « Je lui avais pourtant dit de boxer prudemment, avant que la cloche du 12e round ne se fasse entendre. Stéphane avait dominé 9 des 12 rounds du combat, et il n'avait plus le jus nécessaire pour échanger coup pour coup dans le dernier round ».

Dave explose littéralement à la dernière reprise. Il donne un véritable feu d'artifice de combinaisons, digne des plus beaux spectacles qui éclairent chaque été le ciel de Montréal. C'est un déluge de coups qui s'abat sur un Ouellet complètement défiguré par sa fracture du nez, et dépassé par un Hilton transformé, pour l'occasion, en démolisseur. Dave sait qu'il est en retard aux points et qu'il doit se surpasser s'il veut avoir sa revanche. Trouver une telle quantité d'énergie après 12 rounds aussi intenses est la marque des grands champions.

On sent dans chacun de ses coups cette hargne si caractéristique du Clan. Chaque direct semble viser un adversaire autrement plus féroce que l'homme qui se tient en face de lui. Les *uppercuts* tentent de chasser ces fantômes, avec qui Dave n'a pas encore réglé ses comptes.

Hilton est, à ce moment précis, en parfaite osmose avec ce qui l'entoure, naviguant dans un état proche du délire. Il est entré dans ce monde mystérieux, propre au boxeur, un monde où la raison et la folie mènent une lutte implacable. Ses crochets représentent le sceau royal dont il veut marquer les chairs de son adversaire, comme au fer rouge.

Pourra-t-il maintenir ce rythme effrayant ? Dave ne peut plus tricher maintenant. Il doit absolument finir le travail. Il l'a promis si souvent auparavant, personne n'ose plus y croire. A-t-il entendu seulement les cris d'encouragement de Jeanne, sortie pour un instant de sa réserve, et de Dave senior qui retrouve son champion perdu ? Il ne reste plus que 20 secondes au combat et les deux hommes, au bord de l'épuisement, tiennent encore sur leurs jambes. Aucun ne veut céder, ni admettre que l'autre est le plus fort. Cet orgueil, pourtant, ne tient qu'à un fil. Celui-ci peut se briser à tout moment. Le plancher attirant tour à tour les deux pugilistes vulnérables, affaiblis, à la limite de s'effondrer. L'élastique de chacun est tendu à l'extrême et menace de se rompre...

Que s'est-il passé alors dans la tête de Stéphane Ouellet ? Il ne restait que 15 secondes au match, et il possédait une avance confortable. Voulait-il ajouter un clou au spectacle ? Pensait-il vraiment pouvoir passer le K.-O. à son rival ? Voulait-il clore la représentation sur une note inoubliable ?

Toujours est-il que, avec 15 secondes à faire, l'impensable se produit.

Après un corps à corps sauvage, quasi insoutenable, Dave assène une droite foudroyante à Ouellet. Celui-ci avait relâché la surveillance, voyant les dernières secondes du combat s'égrener sur le tableau d'affichage. Stéphane titube alors, il se déplace dans le ring comme un pantin désarticulé. Il trouve refuge sur la troisième corde du ring et s'accoude comme si c'était le zinc de son bar favori.

« J'ai joué et j'ai perdu », avouera-t-il plus tard. L'arbitre, Denis Langlois, retient Dave qui veut finir son œuvre. Il se tourne vers Stéphane qui est retenu par les cordes, mais qui glisse inexorablement vers le plancher. L'odieux plancher, synonyme de défaite. Ce plancher qu'haïssent les boxeurs, parce qu'il représente une honte sans nom.

Le plancher s'unit finalement au boxeur dans une insolente étreinte. Stéphane rejoint les corps de milliers de boxeurs qui sont passés avant lui, qui ont reçu l'humiliant baiser du tapis. Voyant le boxeur s'effondrer dans un insupportable ralenti, l'arbitre Langlois a levé ses bras en l'air, puis les a croisés pour annoncer la fin du combat. Dans le coin des Hilton, c'est l'euphorie ! À l'autre bout, c'est le deuil qui commence.

Je me tourne vers la droite. Alexandra, la blonde de l'entraîneur Yvon Michel, éclate en sanglots. Elle a le visage couvert d'un triste mélange de rimmel et de larmes. Le chroniqueur du *Journal de Montréal,* Franco Nuovo, a lui aussi la larme à l'œil, avec l'air de se demander si l'issue de la pièce est bien réelle. Chapleau, le caricaturiste de *La Presse,* un grand amateur de boxe, se gratte la tête, perplexe.

Un contraste saisissant avec le coin du mauvais garçon qui commence à se rendre compte que le bonheur existe aussi pour lui. L'annonce des résultats des juges se fait dans un brouhaha indescriptible. Toute la colonie journalistique est montée dans le ring pour recueillir les commentaires des deux camps.

J'éprouve une sensation bizarre de me retrouver là, entouré de cordes. Foulant ce plancher où deux hommes ont souffert. De quel droit, me dis-je, venons-nous sur la scène de cette pièce dramatique dont nous n'étions même pas les acteurs ? Il y a quelques minutes à peine se jouait le dernier acte du drame. La meute, sourde à toute forme de respect, se jette sur des restes encore fumants pour obtenir une information inédite. Ces restes prennent, pour l'instant, la forme de corps qui dégoulinent de sang et de sueur.

Nous marchions sur un territoire sacré, sans en respecter les rites, et encore moins ses officiants éreintés. J'avais le sentiment honteux de violer une sépulture, avec toute l'impunité dont se croit parfois doté le journaliste. En regardant les deux boxeurs, j'ai compris le gouffre qui me séparait d'eux. Je ne ressentirai jamais la fatigue des entraînements, la rigueur de la préparation à un grand combat, ni même la souffrance qui règne dans l'arène et qui atteint jusqu'au vainqueur. Les efforts ne sont d'ailleurs pas tous récompensés, les plus endurcis des gladiateurs ressentiront parfois l'injustice et l'amertume.

Le vainqueur est entouré des scribes qui confirment sa gloire éphémère. Le perdant n'attend même pas son tour, tellement les mots vont être difficiles à trouver dans des moments pareils.

On apprendra plus tard, en descendant du ring, que Ouellet avait entre trois et cinq points d'avance avant l'ultime et dramatique reprise. « Je savais que j'étais un peu derrière dans le score et je gardais tout pour le dernier round », expliquera Dave junior. « C'est la plus grande victoire de ma carrière. Mon Dieu que suis heureux », ajoutera celui qui arbore fièrement la ceinture de nouveau champion canadien des mi-moyens.

Ceux qui s'éloignent des cris de joie, annonciateurs d'une gigantesque fête, et se rapprochent du coin Ouellet, se glissent dans un lourd et douloureux silence. Yvon Michel vient de perdre son champion. Il voit se refermer les portes d'un lucratif championnat du monde. Stéphane nous accueille avec son visage boursouflé. Les yeux tuméfiés masquent les larmes de déception. Les multiples tatouages disparaissent sous les meurtrissures du corps, certainement moins douloureuses que celles de l'âme. « C'est mon tempérament, dira le champion déchu. J'ai joué et j'ai perdu. Je voulais me surpasser, je suis comme ça. Je voulais un K.-O., je voulais offrir le meilleur spectacle possible... »

Questionné sur le championnat du monde, dont sa défaite le prive, Stéphane répond avec courage et sans détour : « Pour penser à des combats de championnats du monde, il faut sortir gagnant des batailles comme celle de ce soir ! » Que se passe-t-il donc dans la tête du poète qui cherche les mots pour mieux décrire son désarroi ? Qu'arrivera-t-il, maintenant que les lumières des caméras et les flashes des appareils photos se sont éteints pour lui, avec la même rapidité que les poings de l'écossais qui fera la une des journaux du lendemain ?

Pendant que Ouellet s'interroge sur une éventuelle retraite, Hilton, sorti de 10 années de noirceur, voit enfin la lumière au bout du tunnel. À 35 ans, Dave n'a plus une minute à perdre, lui qui en a tellement gaspillé. Entouré maintenant du Clan, Dave junior a la satisfaction du devoir accompli. Son visage est tout sourire, lui que les épreuves de la vie ont si souvent fait grimacer.

Dave, laisse ses fanfaronnades de côté. L'éternel adolescent devient peut-être adulte. Le boxeur devra de toute façon apprendre à composer avec un nouveau partenaire : la patience ! Il sait qu'il devra se montrer sage, s'il veut obtenir un jour son championnat du monde.

Sans compter qu'un deuxième combat contre Ouellet est déjà en préparation !

La pire souffrance est dans la solitude qui l'accompagne

Six mois se sont écoulés depuis la défaite crève-cœur de Stéphane Ouellet. Durant cette période, Stéphane a joué au yo-yo entre l'entraînement obligatoire et de multiples virées nocturnes. Dave, quant à lui, n'est pas en reste, il connaît aussi des hauts et des bas... peut-être plus les bas. Il a du mal à s'habituer à son nouveau « partenaire d'entraînement » : la patience est, paraît-il, le fruit d'un long apprentissage. Le boxeur trouve sans doute que cette nouvelle corde qu'on lui tend est moins docile que celle qu'il fait tourner sous ses pieds. Pas facile de s'y faire, donc, pour celui qui a brûlé la vie aux commandes d'une armée de chalumeaux...

Les tribunes téléphoniques se raniment soudainement, puisque le combat revanche est annoncé. Il se tiendra le 28 mai 1999 au Centre Molson. Si le premier combat avait creusé le lit d'un torrent de salive déversé sur les ondes radiophoniques, la revanche en produira un océan !

Les partisans du poète dénoncent l'erreur de l'arbitre Denis Langlois qui aurait mis fin trop rapidement au premier combat. Les adeptes qui se rangent derrière le Clan considèrent que Dave Hilton a donné une leçon de boxe magistrale à Stéphane Ouellet. Pour ce deuxième combat, ils prétendent même qu'il va lui apprendre la poésie ! Vous l'aurez compris, la sobriété n'est pas de mise lors de ces débats.

Hilton-Ouellet, c'est l'affiche qui attire. Voilà deux noms qui nourrissent l'imaginaire collectif. D'un côté, Ouellet, le pugiliste rêveur, le poète, l'émule de Jim Morisson. De l'autre, Hilton, le mauvais garçon, le bagarreur de ruelles, l'homme qui dicte sa loi à la force de ses poings. Un duel entre les deux oppose le bien au mal. C'est une affiche aussi vieille que le monde, l'éternel combat. Ce genre de duel pousse les amateurs à épouser des causes perdues, voire injustes. Ce n'est plus seulement la lutte entre deux êtres de chair, mais celle des âmes qui se joue. Ce sont des idéaux qui s'affrontent ou, à défaut, certaines conceptions de la vie.

Les amateurs de boxe se posent tout de même des questions d'un ordre moins philosophique ! Quelle est la condition physique réelle des boxeurs et, surtout, quel spectacle vont-ils offrir ? Ces corps écorchés par des années d'abus pourront-ils se rendre jusqu'au bout ? Les boxeurs auront-ils cette fougue qui peut transformer une soirée ordinaire en une fête mémorable ? Les rivaux montreront-ils ce respect du public qui caractérise les grands champions ?

Dans le camp Ouellet, on pense avoir trouvé le sortilège qui pourrait transformer le crapaud en prince. Cette trouvaille de dernière minute, c'est… l'éloignement. Stéphane n'est pas facile à contrôler quand il se promène librement sur son territoire. Il s'agit donc d'intercepter l'électron libre, de canaliser le flux rebelle, de couper Stéphane de tout ce qui peut ressembler à une bouteille, aux « amis » d'un soir ou à un réveil qui ne sonne pas. La destination du boxeur sera Porto-Rico ! Son entraîneur de l'époque, Yvon Michel, n'est pas peu fier de son coup. Il demeure tout de même un peu inquiet : « Nous nous croisons les doigts mais, présentement, son attitude est exceptionnelle. »

Dans le Clan, c'est le chef qui a pris les choses en main. Il impose à son fils aîné un régime spartiate : couché à la maison, couvre-feu, jus de toutes sortes et entraînements au gymnase d'Alex. Celui-ci sert de partenaire à son frère, en plus de deux boxeurs venus des États-Unis. Dans le coin des Fighting Hilton, on sait que : « La seule place où Dave se sent bien, c'est dans le ring, car il n'a pas à répondre à toutes sortes de questions. C'est sa seule place de rédemption ! » Son retour dans le Clan sécurisera Dave, car il a besoin de cette « chaleur » qui, curieusement, se traduit souvent par de virils contacts !

Comprendre comment le courant passe dans cette famille donnerait certainement des maux de tête aux ingénieurs d'Hydro-Québec ! Les rapports amour-haine qui ont jalonné l'existence des membres du Clan trouveraient peut-être une explication dans le comportement des meutes de loups. On pourrait postuler d'incessantes luttes de territoire, des déchirements quotidiens pour une simple parcelle de terre. Le père a finalement récolté ce qu'il avait semé. Dans un Clan composé exclusivement de mâles, les membres se mèneront une lutte farouche, impitoyable, pour qu'il n'y ait qu'un seul chef de meute! Les rares moments d'accalmie permettront le rassemblement vital du groupe qui pourra chercher à gagner d'autres guerres, pour élargir toujours un peu plus son territoire.

Une chose est sûre, c'est que les deux boxeurs, éternels rivaux des rings, se trouvent dans un cul-de-sac. Un seul des deux pourra sortir de l'impasse.

De retour de Porto-Rico, Stéphane Ouellet arbore un bronzage qui fera hocher des têtes, et qui sera dénoncé dans les tribunes radiophoniques. Les spéculations vont bon train, d'autant plus que Dave Hilton, rendu ascète par la force des choses, affiche une insolente condition physique. Cette fois, le père s'est assuré que personne ne franchirait le mur de la « caserne », pour se faire la belle. La routine qu'il a imposée à son aîné, digne d'un commando de Marines, a fini par faire son œuvre. Dave senior a réalisé des prouesses. Il s'est inspiré de l'art du sculpteur et, en dépit d'une mauvaise glaise, a façonné un gladiateur digne d'éloges. Malgré l'âge, Dave junior semble avoir retrouvé sa fraîcheur d'antan. Le père sait toutefois que son « œuvre » est encore fragile et qu'elle peut casser à tout moment.

Toute la semaine, le combat s'est joué et rejoué sur toutes les lèvres, des amateurs les plus avertis jusqu'aux néophytes. Les deux adversaires sont maintenant prêts pour l'affrontement, pour cet autre point de non-retour.

Le Centre Molson vient d'accueillir son 23 000ᵉ spectateur, en ce 28 mai 1999. Le spectacle peut enfin commencer. C'est Hilton qui porte le premier coup. Il enchaîne rapidement les combinaisons, sans susciter de véritable réaction de la part de Ouellet. On dirait que celui-ci se réveille à peine, qu'il n'a pas encore commencé sa journée. Comprend-t-il seulement que c'est le jour du combat ? Réalise-t-il, au moins, qu'il s'y trouve de plain-pied ?

Le deuxième round répond en partie à ces questions. Ouellet entame une série qui n'a pas l'air d'impressionner son adversaire. Le poète semble ailleurs, perdu dans un univers dont lui seul possède la clé. Il boxe, certes, mais sans véritable conviction. On ne décèle pas cette lueur assassine dans son regard, susceptible de faire naître la crainte chez l'opposant. Un premier corps à corps laissera même les juges sceptiques.

Le troisième round va démontrer tout le travail effectué par le chef du Clan. La fluidité des coups de Dave semble endormir complètement son adversaire. Ses déplacements dans le ring se font avec assurance, avec un zeste de grâce. Dave est le maître des lieux, il règne sur ce royaume éphémère.

Il enveloppe maintenant le poète, lui susurre un alexandrin à l'oreille. Des admirateurs l'avaient pourtant prédit : Dave lui apprendra la poésie ! Mais le poète ne s'en est pas méfié. La troisième reprise tire à sa fin, au grand soulagement de Ouellet qui n'a pas encore trouvé son premier souffle ! Il ne reste que 12 secondes avant que ne résonne le gong libérateur. Ouellet aurait dû savoir, pourtant, que les dernières secondes d'un round sont les plus redoutables. Que n'a-t-il retenu la leçon du premier combat !

Au premier crochet dévastateur du gauche, marque de commerce de l'aîné des Hilton, Ouellet a compris que le démon de la défaite reprenait possession de son corps et que, cette fois encore, aucun exorciste n'arriverait à le chasser. Dave junior a trouvé la faille, il va se frayer un chemin, en faisant fi des défenses de son opposant. Avec la science du bourreau qui sent sa victime céder sous les coups de la torture, Dave va marteler les chairs d'un visage qui, lentement, se décomposera. Le quatrième coup est à peine porté que Ouellet s'effondre de tout son long. Une chute lourde, étourdissante, et parfaitement cruelle.

Dans l'évanouissement du K.-O., se glisse subrepticement l'annonce de la défaite. C'est elle qui poussera le boxeur à se relever péniblement. Chaque mouvement semble alors durer une éternité, chaque effort pour se remettre sur pied, irréalisable. Un horrible sentiment de honte assaille celui qui ne le fait pas à temps. Une fois debout, le corps meurtri, il ne sait plus très bien dans quel cauchemar il se trouve. Il ose à peine s'avouer que l'irréparable s'est déjà produit. L'implacable verdict s'abattra sur lui : « Vainqueur par K.-O., à la troisième reprise, DaaaaaaVeeeeeeeee......Hiiiiiiiiiiiiilton ! »

Le regard vide, complètement désorienté, Ouellet assiste aux scènes de réjouissances qui se déroulent dans le Clan. L'incompréhension s'ajoute au désarroi. Une multitude de questions rebondissent comme des électrons dans le cerveau du boxeur déchu. Elles le frappent comme un marteau sur une enclume.

Retournant péniblement au vestiaire, Ouellet traverse la dernière étape d'un chemin de croix qui, avec le temps, s'est transformé en descente aux enfers. L'athlète a toujours nourri une certaine forme de mysticisme, pas toujours compatible

Photo : Tony Triconi

Dave lors d'un énième combat contre Ouellet.

avec le monde païen de la boxe. Peut-être songe-t-il alors à rejoindre son compagnon de toujours, poète comme lui, Jim Morisson ?

Les portes du vestiaire se referment sur un boxeur diminué, vidé. Un boxeur qui coule au fond d'une mer de solitude. « La pire souffrance est dans la solitude qui l'accompagne », disait si justement l'écrivain André Malraux.

Déclaration de guerre

Les projecteurs du Centre Molson ont à peine eu le temps de refroidir après la victoire de Dave, qu'Alex veut les rallumer. Le deuxième du Clan veut continuer l'entreprise de démolition entamée par l'aîné. Alex veut s'en prendre à l'ami de Ouellet, le second poulain d'Yvon Michel, le poids moyen, Éric Lucas.

Alex est maintenant âgé de 34 ans. Il est déterminé à faire ravaler leurs paroles à ceux qui prétendent qu'il est fini. « Je n'ai jamais eu autant de plaisir à m'entraîner, j'ai envie de boxer plus que jamais », va-t-il lancer en guise de déclaration de guerre. Une guerre pensée, planifiée par le Clan et ses « conseillers », qui veulent en finir avec l'écurie d'Yvon Michel. Ses boxeurs sont trop « proprets » au goût du Clan, et ils commencent à prendre beaucoup trop de place dans un marché restreint.

L'équipe d'Yvon Michel se veut en phase avec le XXIe siècle et sa boxe planétaire. Le Clan et son environnement immédiat, plus conservateurs, se contentent de préserver leur mainmise sur la boxe locale. Les mains qu'ils dirigent sont vieillissantes, mais possèdent encore une certaine dextérité.

Deux styles de boxe opposent également les deux camps. Celui des années quatre-vingt, la boxe des mauvais garçons, aux règles plutôt éloignées de la chevalerie. Ensuite, un style de boxe plus propre, réfléchi, qui veut en finir avec les promoteurs poussiéreux, devenus au fil du temps des personnages qui n'amusent plus que les crayons de Chapleau, le caricaturiste de *La Presse*.

Plus le combat approche, et plus le ton monte entre les deux clans. « Les prédictions d'Éric Lucas, je n'en ai rien à foutre », vocifère Alex devant les quelques journalistes venus le voir s'entraîner au Centre Claude-Robillard. Alex n'a pas prisé les récentes déclarations d'Éric Lucas qui prédit sa victoire après seulement quatre rounds ! « Je suis le négligé dans ce combat de 10 rounds, déclare Alex entre deux séances d'entraînement, mais je m'en fiche éperdument. J'ai tout à gagner à affronter un gars qui est le deuxième aspirant à la couronne mondiale ! »

Dans le camp de Lucas, même si on ne veut pas se l'avouer, on commence à se demander si le risque n'est pas trop grand. Les entraîneurs repensent au cauchemar de l'année précédente, alors que Ouellet tombait au combat.

Alex est prêt pour « la guerre », comme il l'a annoncé en se présentant au Centre Molson, en ce mercredi 13 octobre 1999. Ce chiffre, en passant, ne portera pas chance à Dave qui, exactement le même jour, se fait rattraper une nouvelle fois par le passé. Il écope de deux mois de prison, pour bris de probation.

Le combat entre le boxeur de Sainte-Julie et le chat des ruelles de Rigaud ne restera pas dans les annales. Lucas va surclasser Alex à chacun des rounds, sans être jamais inquiété. Lucas se permettra même de répondre par un sourire aux provocations qu'Alex lui servira tout au long du combat. Malgré la magistrale leçon de boxe donnée par le professeur Lucas, Alex démontrera un grand courage, et sera encore debout à la fin des 10 rounds, à la surprise du public.

On se demande encore comment Alex a pu résister à l'avalanche de coups qui s'est abattue sur sa tête et sur ses côtes. Forçant l'admiration, Alex sera chaudement applaudi par les spectateurs qui ont reconnu la force de caractère de l'Écossais. Éric Lucas commence à tracer sa route, abandonnant dans ses sillons les misérables empreintes d'un boxeur vieillissant, mais ô combien courageux. Un boxeur d'une autre époque, qui a raté presque tous les trains de l'histoire. Un gladiateur qui exhibe son cuir coriace telle une armure, semblable à la carapace d'une vieille tortue qui attend que la marée la ramène vers l'océan de l'oubli. Notre guerrier pense toutefois qu'il n'a perdu qu'une seule bataille, et que le meilleur est à venir.

Tandis que Dave junior promet une énième fois au juge de suivre une cure de désintoxication, les policiers du SPCUM devront se mettre à plusieurs pour réussir là où Éric Lucas avait triomphé seul six mois plus tôt ! Alex va se retrouver une nouvelle fois derrière les barreaux. Une affaire passablement confuse.

Le deuxième dans la hiérarchie de la tristement célèbre famille Hilton sortait d'un restaurant de la rue Notre-Dame, au sud-ouest de la métropole. Le fameux petit nuage noir, mélangé aux vapeurs éthyliques, se trouvait encore au-dessus de sa tête. Des policiers du SPCUM, qui se tenaient devant le restaurant, vont interpeller Alex. Ils diront plus tard, pour se justifier, qu'Alex était sous l'emprise de l'alcool et les inquiétait. Selon eux, l'utilisation du poivre de Cayenne était aussi nécessaire, car l'individu constituait justement une menace. L'avocat d'Alex, maître Archambault, plaidera la provocation policière : « Après tout, si je comprends bien, les voies de faits ne sont survenues qu'après l'intervention de la police ! » L'animateur de radio, Gilles Proulx, se portera lui aussi à la défense d'Alex.

Le mauvais garçon déposera plainte, pour abus de force et voies de faits de la part des policiers. Pas mal gonflé, tout de même, de la part d'un garçon dont le dossier criminel est si volumineux qu'il a fallu abattre une forêt entière pour le fournir en papier ! Le bénéfice du doute profitera au pugiliste repenti, et l'imbroglio juridique se dénouera par de simples amendes.

Un coup monté ?

Un mois plus tard, les Hilton passent des faits divers aux pages sportives, avec l'annonce d'un troisième affrontement entre Dave junior et le poète des rings. C'est une grosse déception pour l'aîné des Fighting Hilton, qui a une étrange et désolante impression de déjà-vu. Dave -Hilton voulait en découdre avec un adversaire de taille, le jeune espoir Éric Lucas. Dave comptait en finir avec le camp Michel, il souhaitait démontrer sa suprématie. Il voulait que chacun sache que l'avenir, c'était lui ! Qu'il était l'obstacle insurmontable contre lequel viendraient buter tous les boxeurs d'Yvon Michel. Il avait la ferme intention d'en finir une fois pour toutes avec ces boxeurs aux mains propres.

Le sort a voulu qu'Éric Lucas se blesse à l'entraînement et qu'il ne puisse combattre contre Dave. « Coup de bluff », répliqueront le Clan et ses « conseillers », qui considèrent que le groupe d'Yvon Michel se défile. Certains pensent qu'un combat entre Hilton et Lucas aurait pu compromettre la carrière du jeune boxeur de Sainte-Julie. Que le danger d'une victoire de Dave pouvait briser le savant plan concocté par Yvon Michel.

Le risque était effectivement grand de saborder une carrière aussi prometteuse, car le groupe de Michel commençait à douter de la volonté et de la détermination de Stéphane Ouellet. Celui-ci comptait-il redoubler d'efforts afin de gravir les derniers échelons du sacre final ? Le poète était alors le principal poulain de l'écurie Michel. Il représentait de grandes rentrées d'argent pour la jeune compagnie qui cherchait à faire sa marque dans le monde pugilistique. Seulement, Ouellet n'avait peut-être pas la force de consentir aux sacrifices qui sont le lot des champions. Le groupe d'Yvon Michel voulait en avoir le cœur net, et garder Lucas comme carte d'atout. Stéphane s'offre donc à Dave en guise de consolation. Cette proie étique n'attire nullement le fauve ardent, qui veut étancher sa soif de victoires à l'eau vive d'illustres combats.

Cette fois, Stéphane Ouellet ne peut plus reculer. Il doit mettre fin à ce cauchemar qui dure depuis trop d'années. Il doit découvrir, une fois pour toutes, s'il est dans la classe de Hilton ou si tout cela est finalement trop gros pour lui. Son entraîneur, Stéphane Larouche, se souvient encore des 15 dernières secondes du premier affrontement et des 12 dernières du deuxième. Vingt-sept petites secondes qui ont brisé ses rêves de jeune entraîneur : « J'ai passé deux nuits sans dormir, repensant au visage déformé de Stéphane. Je le revois encore partir avec sa blonde vers l'hôpital, pour se faire redresser le nez. Il avait refusé tout encadrement ce soir-là. »

Pour ce troisième affrontement, Stéphane Larouche devra se transformer en exorciste pour chasser les vieux démons qui continuent de hanter le bleuet des rings. « Je sais que Hilton a provoqué chez Stéphane (Ouellet) un cauchemar quasi permanent, soutient Larouche qui sait qu'on ne donne pas cher de la peau de son protégé. Il va falloir qu'il puise profondément en lui pour continuer dans le monde de la boxe. » La plupart des observateurs parlent déjà d'un massacre annoncé.

Il faut dire que l'humiliation subie par Ouellet avait plongé celui-ci dans des abîmes éthyliques. Profondeurs obscures où les idées noires se mélangent à l'alcool. Stéphane s'était réfugié dans un chalet sur le bord du lac Saint-Jean avec, pour seule compagne, sa misérable bouteille.

La question est maintenant de savoir si Stéphane pourra convaincre ses derniers fidèles de ses chances de succès. Pourront-ils croire que, cette fois, ça y est, que c'est du sérieux ? que le poète est réellement prêt pour l'affrontement ? Tant de fois, les disciples sont repartis le cœur gros, pensant avoir été floués par le gourou...

Larouche n'en revient pas du sérieux du poète. Il enchaîne les rounds d'entraînement avec une détermination exceptionnelle. Le jeune et talentueux entraîneur se plaît à rêver au Stéphane Ouellet des beaux jours, au retour du champion. Mais il sait aussi que la ligne de la résistance est mince et que les fantômes sont encore présents.

Stéphane Ouellet frappe avec fougue dans le sac, comme si, chaque fois, il mettait hors de combat l'un de ses nombreux « adversaires » d'un soir. Il y met tellement de cœur, qu'on croit qu'il tente de purifier son âme souillée.

Pendant ce temps, Dave Hilton déclare, à qui veut l'entendre : « Je m'attends à un combat plus dangereux, car Ouellet n'a rien à perdre et tout à gagner dans cette histoire. Cette fois la pression sera sur moi. Je m'attends à un combat spectaculaire, mais qui se terminera avec le même résultat, un knock-out ! »

Le promoteur Henri Spitzer ajoutera un petit peu d'huile sur le feu : « Ouellet est un boxeur brûlé depuis son échec en moins de trois rounds aux mains de Dave, l'année dernière. » L'assurance de Spitzer est sans doute confortée par le piètre comportement de Ouellet lors de son dernier combat contre Wayne Harris. Le boxeur jonquiérois fut sérieusement ébranlé par un boxeur qui venait de subir huit revers d'affilée.

Le ton est donné pour ce combat de 10 reprises, qui aura lieu le 8 septembre 2000 au Centre Molson.

Un combat sous le signe du respect ?

Dave et Stéphane échangent une poignée de main lors de la pesée officielle, 24 heures à peine avant le troisième affrontement. Cette poignée de main contraste avec les déclarations sulfureuses des derniers jours.

Quelques heures avant la pesée, c'était le branle-bas de combat dans le camp Ouellet. Stéphane avait réservé une surprise (une de plus !) à son équipe : cinq livres en trop, qu'il fallait faire fondre à la vitesse de l'éclair. Dans le monde de la boxe, on ne badine pas avec les livres en trop, synonymes de mauvaise réputation et de perte d'argent. Comme toujours, Stéphane Larouche fera des miracles et la balance oscillera enfin à 164,9 lb. Le camp Ouellet peut respirer !

Dans le Clan, on pense que la trève ne doit pas s'éterniser. Dave dira : « Je suis un peu comme un militaire à qui l'on demande d'aller à la guerre. Il se lève, met son uniforme et s'en va combattre avec pour seul objectif : tuer pour se défendre. Point à la ligne. »

Comme on pouvait s'y attendre, Ouellet, en nuançant ses propos, fera office de casque bleu : « Je ne dirais pas que je suis enragé, mais plutôt déterminé. Je sais ce que j'ai à faire. Il n'y a pas de nouveau Stéphane Ouellet, je suis le même, mais j'ai maintenant l'expérience de la défaite. » Cet aveu peut paraître anodin, mais dans la bouche de Stéphane

Ouellet, il prend une tout autre signification. Comprendrait-il que la défaite n'est pas la honte ultime du boxeur, mais la redoutable et insidieuse compagne de la victoire ? Que dans le monde impitoyable de la boxe, ces deux maîtresses cohabitent et s'échangent leurs amants éphémères ! Chacune s'offre au boxeur, mais s'apprête aussi à le trahir.

La surprenante déclaration du poète est de bon augure. Le combat peut commencer. La foule des grands soirs n'est pas au rendez-vous, mais son intensité laisse croire que le Centre Molson est plein à craquer. Il faut dire que les combats qui précédaient la carte principale étaient tous époustouflants et qu'ils avaient réussi à réchauffer la place, autrement glaciale à cause du vide.

Patrice L'Heureux, le sympathique poids lourd de Trois-Rivières, qui est tailleur de pierre à ses heures, a sculpté une victoire sans équivoque. Le mastodonte de 254 lb a envoyé l'Albertain, Conrad Browne, au pays des rêves avec une série de crochets au corps.

Puis, Alex Hilton est monté dans le ring pour huit rounds. Il arrive à battre le Colombien, Alex Lubo. Une victoire peu convaincante, mais qui pourrait lui ouvrir les portes d'un combat contre l'étoile montante de la boxe montréalaise, le Tunisien et médaillé olympique, Fathi Missaoui, désormais propriété du groupe d'Yvon Michel. Un autre adversaire qu'il faudrait absolument démolir !

Pendant que le public spécule sur les chances de Ouellet, le Montréalais d'origine roumaine, Léonard Dorin, que l'on surnomme affectueusement le « petit lion des Carpates », est en train de montrer toute l'étendue de son talent. Un combat titanesque, 10 rounds à vivre en apnée tellement le spectacle entre le petit Roumain et le Guyanais, Gary Saint-Clair, est excitant. Les crochets et les directs des deux boxeurs s'enchaînent à un rythme frisant la démence. Les deux pugilistes vacillent à tour de rôle. On dirait que la scène se déroule en accéléré tant les coups virevoltent, comme des cerfs-volants pris dans un tourbillon. Le «petit lion» repartira tout de même avec sa proie, grâce à une décision unanime des juges. On voit, dans cette nouvelle prise, qu'un grand félin se taille une place dans la jungle inhospitalière de la boxe, que cette victoire annonce un avenir glorieux.

Le moment tant attendu arrive. Dave Hilton entre dans l'enceinte du Centre Molson au son de ses traditionnelles cornemuses, qui, sonnant une fois de plus très fort, arrivent à faire frémir jusqu'aux Hell's Angels présents. C'est avec un regard déterminé, en frappant rageusement ses poings l'un contre l'autre, comme s'il écrasait son futur adversaire, qu'il monte le petit escalier menant au ring. Pendant qu'il tourne dans l'arène, pour prendre possession des lieux, la fumée envahit le coin sud. La musique triomphale du film *Christophe Colomb* a toutefois cédé la place à celle d'un obscur groupe de rappeurs, qu'on a peine à distinguer tellement la foule est bruyante.

Ouellet a l'air serein. On a l'impression qu'il flotte littéralement au-dessus du sol, pendant que les spectateurs l'acclament avec des sentiments partagés. Stéphane marche-t-il vers l'échafaud ou vers la gloire?

La cloche annonçant le début du premier round libère les boxeurs. Dave est prudent et Stéphane le tient à distance avec des jabs qu'il sort à la manière d'un chat s'amusant avec sa proie. Ouellet travaille de façon méthodique, tout en demeurant curieusement calme.

Deux styles de boxe vont encore une fois s'opposer. D'un côté, les jabs et les crochets du Jonquiérois, de l'autre, la seule option que l'Écossais envisage au bout de ses poings, le K.-O. ! Les observateurs seront surpris par la résistance du poète, au vu des crochets dévastateurs qui le cueillent au menton.

Au septième round, le clan Ouellet vit un moment d'inquiétude, alors que le poète vacille après avoir encaissé un redoutable crochet, comme seul Dave junior en a le secret. Stéphane déclarera, à l'issue du combat : « Cette fois, j'étais prêt pour la douleur, je voulais que ça fasse mal ! Dès que j'ai commencé à souffrir, je me suis bien senti. En fait, j'étais prêt à mourir ! » Le poète était dans un état d'esprit quasi suicidaire !

Contre toute attente, Ouellet marque des points. Il remportera 8 des 10 rounds, pour enregistrer une victoire sans équivoque. Les spectateurs seront ébahis par ce soudain retour du poète du ring.

Ouellet, que plusieurs croyaient fini, est donc vainqueur. Il a mené à terme sa longue chasse à courre. Ses jabs représentaient ses chiens fidèles, ses crochets, les cors servant à rassembler la meute, son direct, le piège fatal qui s'est abattu sur le renard écossais. Pour une fois, le stratagème a fonctionné sans raté. Enfin presque... les partenaires de chasse confieront que la discipline du nouveau prince des rings n'était pas forcément au rendez-vous, et que le renard aurait pu lui échapper !

Certains diront que Hilton n'était pas au mieux de sa forme, car il aurait confondu, quelques soirs avant le combat, la préparation spartiate et les effluves de toutes sortes ! « J'ai simplement connu une mauvaise soirée, et même des gars

comme Muhammad Ali et Oscar de la Hoya en ont eues»,
dira pour s'excuser l'aîné du clan Hilton.

Il faut dire aussi que, avant le combat, Hilton avait reçu
la visite des huissiers, car il refusait de payer sa pension alimen-
taire. La presque totalité de sa bourse lui a ainsi été retirée.
C'est un boxeur désargenté qui se présentait dans le ring.

Qu'importe, Ouellet avait remporté la bataille contre ses
propres démons. Il avait balayé d'un revers du poing des mois
d'humiliation. Il savait enfin qu'il serait capable de gravir la
marche suivante. Peut-être la plus haute ?

À peine sorti de cette défaite, Dave sera rattrapé par son
passé tumultueux. Il se retrouve une nouvelle fois devant le
juge pour bris de probation. Il a été arrêté dans un débit de
boisson, un endroit que le juge lui avait interdit de visiter.
Quand il sortira de prison, il devra passer six mois dans une
maison de désintoxication...

Troisième partie

Grandeur et décadence du Clan

Un autre type de combat

L'Ancrage sera le nouveau port d'attache de Dave. Cet ultime quai accueille les rescapés des pires naufrages. Sa désintoxication, Dave tentera, cette fois, de ne pas la laisser en rade. L'aîné du Clan Hilton se retrouve seul face à lui-même. Il aura tout le loisir de se repasser le film de sa vie, constitué de trop nombreuses scènes de série B.

Si, dans la tête, la tempête s'annonce, que dire du corps qui croisera des éléments déchaînés ! Un cap Horn de douleur. Un ouragan dévastateur qui envahira, petit à petit, les moindres recoins de son être. Les tremblements seront insupportables. L'estomac, tiraillé par les manques, se tordra de douleur. Les désirs les plus sordides se feront pressants, éternelles tentations qui invitent le buveur à replonger. Ce combat est peut-être le plus important de sa vie, mais il ne le sait pas encore.

Un combat dont Dave junior ignore les règles. Dans le coin rouge : la bouteille, symbole des pires tentations. C'est elle qui vous aspire vers le fond et vous transforme en lie au goût amer. Son chant est aussi impérieux que celui des sirènes. Elle prend un malin plaisir à vous attirer vers les récifs ou à vous pousser vers le précipice.

Photo: Tony Triconi

Dave junior entouré de Roger Martel (à gauche) et de Gilles
Proulx.

Dans le coin bleu : un boxeur usé par le temps, ravagé par
ses démons. Un élève indiscipliné que le monde doit sans
cesse rappeler à l'ordre. Un naufragé qui lentement refait
surface. Un homme aux vices dévorants qui doit refermer la
fiole infernale, divorcer de l'éternelle compagne de ses orgies.

Ce sevrage sera celui de la dernière chance pour le
boxeur en résidence surveillée, qui ressasse des souvenirs
cauchemardesques. La lutte qu'il mène n'est pas sans rappeler celle que le père a menée dans sa jeunesse.

L'arène qui accueille les deux adversaires sera une minuscule chambre. Une chambre qui rappelle la cellule de Jean
Valjean, le forçat repenti, ou la chambre de Camille Claudel,
la sculpteure devenue folle d'amour pour Rodin. Ces trois
personnages ont d'ailleurs ce point commun : celui d'un
enfermement intérieur, dont ils ne sortiront jamais. Prisonniers
d'un univers constellé de mensonges et d'incessantes dupe-
ries.

Pendant que ce combat s'engage, le tribunal permet à Dave de reprendre le chemin de l'entraînement et de sortir momentanément de sa « retraite ». Car le destin vient de frapper à la porte... avec de bonnes nouvelles cette fois !

Le destin s'était d'abord présenté à la porte du poète. À la suite de sa victoire contre l'aîné des Hilton, on avait promis à Stéphane un combat de championnat du monde. Seulement voilà, Cédric Kushner, le propriétaire du champion en titre, le Sud-Africain Dingaan Thobela, trouve Ouellet trop dangereux pour son protégé. Il aimerait un autre boxeur pour la défense de titre.

En voyant ce combat lui filer entre les mains, Ouellet, qui n'a pas inventé la diplomatie, fera une sortie en règle contre le propriétaire d'Interbox : « Dites à Hans Mulhegg de manger de la merde ! Si les dirigeants d'Interbox ne veulent pas me traiter comme je le mérite, j'irai boxer ailleurs ! ». C'en est trop pour le directeur général d'Interbox, Yvon Michel, qui va parler de contrat non respecté par le boxeur de Jonquière, et de sommes d'argent versées en échange de promesses d'entraînement qui ne seront pas tenues. Sans compter que la condition physique de Ouellet laisse à désirer. Le poète s'est lancé sur la même piste que Rimbaud et Apollinaire, où il a pu trouver tous les artifices pour nourrir ses rêveries. Tout cela n'est pas très compatible avec une bonne préparation pugilistique.

Le divorce est donc consommé entre l'écurie et son poulain. La chute aux enfers s'amorce pour le poète, qui commence sérieusement à croire qu'il est un poète maudit !

Pendant qu'on essaye de trouver une solution de rechange, l'incroyable, l'impensable se produit soudain. Cela n'aurait même pas pu arriver dans un roman : Dave Hilton aura enfin son premier combat de championnat du monde !

L'aîné des Fighting Hilton tient enfin cette chance qui lui a échappé si souvent dans le passé. Son rêve le plus fou se concrétise finalement. Que s'est-il passé pour que Cédric Kushner et Yvon Michel s'entendent pour un combat de 12 rounds entre Thobela et Hilton, prévu le 15 décembre 2001 ?

Dave junior aurait-il, du fond de sa minuscule chambre du centre de désintoxication, invoqué les puissances tutélaires du ring ? Se serait-il repenti de ses fautes passées ? Le Tout-Puissant lui aurait-il enfin pardonné ?

Toujours est-il que ses vœux les plus fous ont été exaucés ! La colonie journalistique canadienne en est restée bouche bée. En fait, le promoteur Cédric Kushner pensait probablement que ce vieux lion de Hilton ne représenterait aucun danger pour son boxeur. Selon lui, Thobela avait traversé des jungles bien plus hostiles. Les pattes du félin, croyait Kushner, étaient fatiguées par ses longues promenades dans la savane de la vie ; Hilton avait usé ses griffes autrefois si redoutées. Si un promoteur pouvait faire preuve de grandeur d'âme, alors c'était une belle preuve à fournir que d'offrir une fin glorieuse au fauve qui a si souvent fait la nique aux chasseurs.

La salle Baccarat du Casino de Montréal est pleine à craquer pour la conférence de presse annonçant le combat de championnat du monde entre Dave Hilton et Dingaan Thobela, surnommé la « rose de Soweto ». Pendant qu'un écran géant projette les images de la surprenante victoire du Sud-Africain sur le Britannique, Glenn Catley, l'aîné du clan Hilton se retourne vers la meute de journalistes et lance, avec sa gouaille habituelle : « Quoi ? C'est contre ce gars-là que vous voulez me faire boxer ? Pas question, je rentre immédiatement chez moi ! » Malgré les mois passés à lutter contre des démons de toutes sortes, Dave Hilton n'a rien perdu de cette ironie si chère au Clan.

Les nombreux journalistes avaient à peine fini de rire, que Dave reprend, avec un léger trémolo dans la voix : « Je vivrai un moment extraordinaire le 15 décembre. Je réaliserai alors le rêve de ma vie ! Je vous promets de tout mettre en œuvre pour devenir champion du monde ! » L'aîné du Clan, le visage aminci par des jours d'abstinence, ajoutera : « Je partagerai ce moment unique avec mes amis québécois ! » À l'autre bout du monde, Thobela, qui vient de remporter à Johannesburg son deuxième titre mondial en mettant Glenn Catley hors de combat au douzième round, déclarera : « Hilton est un bagarreur naturel et me paraît plutôt fort physiquement. Je ferais mieux d'arriver à Montréal bien préparé ! » Les invitations sont lancées.

Une question capitale surgit alors dans l'esprit des scribes présents : Hilton saura-t-il saisir cette chance unique ? Sera-t-il aussi en mesure de tenir 12 rounds ? Ou fera-t-il, encore une fois, faux bond à ses admirateurs ? L'un des proches de la famille me confiera : « Il n'a plus le droit de tricher maintenant ! »

Imaginez un instant les images qui se bousculent dans la tête de Dave junior. Il doit repenser aux occasions où la gloire se trouvait à sa portée. Mais, à chaque fois, il a manqué le train. Son entourage ne lui avait peut-être pas donné les bons horaires. Il devait se dire, plutôt, que la Jaguar qu'il était arriverait toujours à temps. Cette fois, le train se trouve en gare. Il ne doit absolument pas le rater. C'est une dernière chance qui se présente à lui, et il le sait. Il peut maintenant racheter toutes ses fautes.

On s'apercevra, plus tard, que le cadeau qui s'offrait ainsi était, en quelque sorte, empoisonné...

D'un service funéraire à l'autre

Il ne reste que quatre jours avant le combat. Du côté du Clan, Dave ne tient plus en place. Son entraîneur d'origine libanaise, Chuck Talhami, en sera à son 23e championnat dans le coin des boxeurs. Il n'est pas inquiet pour son protégé : « Dave aura certainement l'énergie nécessaire pour se battre durant 12 rounds, si la situation l'exige. » Pendant que l'aîné du Clan peaufine ses crochets, son adversaire sud-africain débarque dans l'hiver montréalais, un peu trop froid à son goût. Une fiche de 40 victoires dont 26 par K.-O. devrait l'aider à se réchauffer. Son entraîneur, Elias Tshabalala, tentera même d'allumer le brasier. « Dave Hilton ne passera pas le 10e round », déclare-t-il d'un air catégorique.

Fin des débats et départ pour l'hôtel Maritime. Installé dans un coin de la salle à manger, déserte à cause des événements du 11 septembre 2001, Dingaan Thobela repasse dans sa tête ses 10 combats de championnat du monde et sa longue carrière. À 34 ans, il se souvient combien le chemin pour sortir de Soweto, de la pauvreté, a été long. Il est le troisième d'une famille de huit. Son père était peintre en carrosserie et sa mère, couturière. Comme tant d'autres jeunes des quartiers pauvres, Dingaan se tournera vers la boxe. D'abord pour se défendre, et pour faire régner la terreur autour de lui. Ensuite, il boxera pour l'argent. C'est en récoltant les unes après les autres les bourses qu'il empochera son premier million. Avec un certain sens des affaires, il fondera sa propre compagnie de pompes funèbres, *The Rose Funeral Services*. Cela lui vaudra son surnom, la « rose de Soweto ».

Ironie du sort : pendant que le propriétaire de pompes funèbres sud-africain débute son 201e round d'entraînement, celui qui aurait dû être son adversaire débute dans le même domaine à l'autre bout de la ville ! Stéphane Ouellet, qui s'est momentanément recyclé en contractuel pour la maison funéraire Alfred Dallaire, travaille lors de funérailles dans une église de l'Est de la ville.

Plein d'amertume, parce qu'on l'a privé du combat de sa vie, Ouellet brise le silence et dénonce l'hypocrisie de son ancien patron, Yvon Michel : « Avant mon combat contre Hilton, Yvon m'avait dit : « Débarrasse-moi de Hilton, je ne suis plus capable de le voir ! » C'est ce que j'ai fait : je l'ai battu ! Il y a anguille sous roche. Je vais finir par connaître le fond de cette histoire. »

Ce que n'avouera pas le poète des rings, c'est qu'il ne s'entraînait pas sérieusement. Retards multiples et consommation d'alcool se conjuguent mal avec un championnat du monde. Comme pour se convaincre de son bon droit, mais surtout pour déverser son fiel, Ouellet ajoutera : « On encourage un gars comme lui (Hilton) à devenir champion du monde, tandis qu'on oblige un honnête travailleur comme moi à se faire examiner la tête ! »

C'est le jour de la pesée officielle. Comme c'est son habitude, Dave Hilton s'adresse à la foule : « Je suis prêt pour la guerre ! ». Il fait osciller l'aiguille à 160,5 lb. Son adversaire sud-africain affiche une fraîcheur semblable à la fleur qui lui sert de surnom. Il monte, avec un large sourire, sur la balance qui indique 166,4 lb. Le rictus du Sud-Africain en dit long sur sa confiance. Les observateurs remarquent également que Dave semble avoir rajeuni de 10 ans. Dans ce contexte, ils peuvent s'attendre à un véritable feu d'artifice dans le ring.

Les deux boxeurs, qui posent fièrement pour les photographes venus immortaliser leur duel, ont connu des parcours similaires. D'un côté, le gamin des ruelles, la terreur de Rigaud, fils d'un père qui faisait trembler le quartier Saint-Henri. De l'autre, un « gosse » de Soweto, l'un des pires *township* sud-africain qui a vu l'une des plus grosses répressions s'abattre sur lui, avec son lot d'écoliers innocents assassinés par la police blanche. Les deux boxeurs ont en commun la détresse et l'isolement, résultats de la pauvreté et de l'inculture. Ces deux gamins délaissés découvriront la vie avec leurs poings pour seules armes !

Dave Hilton ne consacrera pas beaucoup de temps aux entrevues, car il doit respecter le couvre-feu imposé par L'Ancrage, sa maison de désintoxication : « Les conditions sont sévères et je dois me coucher à 22 h. C'est un gros changement par rapport à la préparation de mes derniers combats, quand je rentrais à la maison à trois heures du matin ! » Les journalistes n'en reviennent pas du changement brutal de Dave Hilton. Avec sa casquette sur la tête, il ressemble à un Tom Sawyer qui préparerait un énième mauvais coup. Comme pour confirmer ce rajeunissement soudain, Henri Spitzer, l'ami de toujours, sortira une photo de la belle époque du boxeur. La ressemblance est frappante avec le Dave junior des grands soirs !

Il faut dire que le travail psychologique et physique réalisé à L'Ancrage commence à porter fruit. L'absence d'alcool a largement contribué au changement de celui qui essayera de devenir le sixième boxeur québécois à conquérir un titre mondial en boxe professionnelle depuis 1900.

Il ne reste plus que quelques heures avant que ne sonne la cloche libératrice. Dave sent une colonie de papillons envahir son estomac : « Cette sensation va m'aider à être alerte et combatif. Aujourd'hui, je suis prêt à mourir pour atteindre mon but ! »

Dans le camp sud-africain, la « rose de Soweto » affiche calme et sérénité. On dirait que Dingaan s'apprête à jouer le rôle du Petit Prince. Celui qui n'envisage même pas la défaite déclarera, avec humour : « Je viens de geler pendant 10 jours, et vous pensez que j'ai enduré tout cela pour rien ? Je retournerai avec ma ceinture en Afrique du Sud ! »

Les hostilités peuvent enfin commencer !

Enfin, un championnat du monde !

Il a fallu attendre 13 ans pour que Montréal vibre de nouveau au rythme d'un championnat du monde de boxe. Ils sont loin les bravos et les hourras du dernier combat entre Matthew Hilton et Buster Drayton, survenu un soir de 1987, au Forum. Dave Hilton ira-t-il rejoindre son frère au panthéon des boxeurs ? L'aîné du Clan inscrira-t-il son nom sous ceux d'Otis Grant, Arturo Gatti, Matthew Hilton, Lucien Brouillard et Ovila Chapdelaine, cinq québécois ayant conquis le titre mondial ?

Les amateurs forment de petites grappes aux abords du Centre Molson. Certains pensent que la « rose » se flétrira sous les coups de Dave, d'autres, au contraire, qu'elle s'épanouira. Le ton monte. On se demande si on n'aura pas un avant-goût du combat. À l'intérieur, les personnalités habituées aux soirées de boxe tiennent salon autour de leurs tables chichement préparées. Le nouveau sénateur, Jean Lapointe, serre quelques mains, puis rejoint le patron de Loto-Québec. Patrice L'Écuyer s'entretient avec le chanteur Éric Lapointe. Politiciens et artistes sont présents, il ne manque que les mauvais garçons. Qu'à cela ne tienne, les Hells Angels font leur entrée. Ils sont juste un peu moins démonstratifs, à cause de leurs démêlés avec la justice. Les spectateurs sont tous arrivés : le rideau peut se lever et les acteurs monter sur scène.

Le camp sud-africain fait son entrée en faisant jouer des chants de mineurs de Soweto. Les adjoints du champion lancent des roses au public : un bel étalage d'assurance ! Le public s'interroge aussitôt sur l'issue du combat, et les premiers doutes s'installent. Dave Hilton aura-t-il l'énergie suffisante pour tenir 12 rounds ? Le poids des années ne rattrapera-t-il pas l'ex-champion canadien ?

La musique des cornemuses salue l'entrée du Clan écossais. Dave a l'air serein. En marchant vers le ring, il se pince pour voir s'il ne rêve pas. Il a enfin atteint le but. Un combat de championnat !

Dave sait qu'il doit sa présence à une chance miraculeuse. Comme si la vie le dédommageait, après lui avoir imposé une existence misérable. Dave n'a-t-il pas compris, pourtant, qu'il fixait les termes de son propre malheur ? Que c'est lui qui a construit son monde, rempli d'artifices et de mensonges. Dave ne peut changer de vie qu'en cessant de tricher avec lui-même, qu'en reconnaissant ses propres erreurs. Ce combat est un carrefour pour lui, il pourrait le mener ailleurs, changer profondément le cours de son existence.

Dave junior monte les marches qui le conduisent dans l'arène, en savourant chacun de ses pas. Vingt ans après ses débuts professionnels, il est enfin aux portes du rêve. Il a atteint le dernier échelon de l'implacable échelle.

Pendant que le griot sud-africain termine ses incantations au pied du ring, le Clan Hilton prépare son « laboratoire » de fortune : vaseline, sels, coton-tige, eau, serviette. Tout est méthodiquement disposé, comme pour une opération. L'entraîneur Chuck Talhami fait ses dernières recommandations, sans se départir de son calme. Il connaît très bien ces minutes importantes qui précèdent le combat. Talhami a déjà entraîné 14 champions du monde !

Les deux adversaires se présentent au centre du ring pour entendre les directives de l'arbitre. La foule se fait plus silencieuse. Le micro s'élève dans les airs, le ring est abandonné aux boxeurs qui attendent cet instant depuis des mois. Un instant que Dave attend même depuis 15 ans !

Le son de la cloche libère les deux pugilistes. Dave souhaite montrer qu'il n'a rien perdu de sa superbe : il enchaîne habilement les combinaisons. Cela ne semble toutefois pas inquiéter son adversaire. Dave remporte le premier round avec une facilité déconcertante. Attention, car la rose cache ses épines !

Jusqu'au quatrième round, soutenu par une foule en délire, Dave suit son plan de match, à la grande satisfaction de son entraîneur. En le voyant dépenser autant d'énergie, les spectateurs se demandent néanmoins s'il pourra se rendre jusqu'à la fin du combat.

Le Sud-Africain fait entendre sa musique à la quatrième reprise, une musique empreinte de la souffrance de ses ancêtres. Thobela sera offensif pendant les trois rounds suivants. Les partisans s'inquiètent pour Hilton qui traverse un cap laborieux. Les années sont-elles en train de faire sentir leur poids ?

Non ! Au septième round, Dave trouve un regain de jeunesse. Il se rue sur son adversaire qui titube après avoir reçu une série de crochets au corps, plus meurtriers les uns que les autres. La foule jubile ! Les 12 000 personnes suivent le reste de l'affrontement sur le bout de leur banc.

Au huitième round, le scénario se répète. Comme à ses débuts professionnels, les crochets de Hilton s'enfoncent cruellement dans les chairs du Sud-Africain. La rose plie, mais ne rompt pas. Ce serait mal connaître la détermination du gamin des townships, que de le tenir déjà pour vaincu.

Son regain de vigueur, Dave le payera au 9e et 10e rounds, pénibles pour lui. Thobela domine son adversaire. Il pense probablement, à ce moment-là, que la ceinture va retourner à Soweto, que Dave a donné tout ce qu'il avait.

La cloche du 11e round donne un tout autre son à Dingaan. Mais où Hilton a-t-il donc trouvé l'énergie qui lui permet de mitrailler son adversaire de la sorte ? Comment a-t-il pu cacher ses terribles réserves à son rival ? Thobela pensait se trouver en face d'un écureuil famélique. C'est un fauve qui bondit alors sur lui !

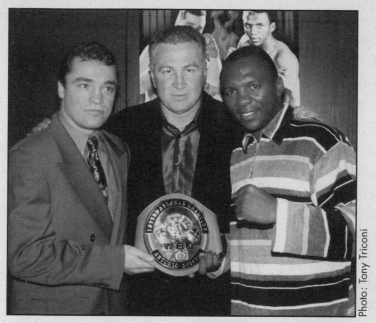

Photo : Tony Triconi

Le rêve s'accomplit enfin : un championnat du monde ! De gauche à droite : Dave junior, Yvon Michel et le champion en titre, Dingaan Thobela.

Le douzième round

C'est l'heure de la 12e reprise. Pour Dave, c'est le point de non-retour, la marche ultime. Les deux boxeurs sont au bord de l'épuisement, mais ils donnent encore tout un spectacle.

Dire que le combat aurait pu n'avoir jamais eu lieu ! Yvon Michel avait habilement caché la vérité. Ce n'est que le lendemain de la victoire qu'il a confié : « Il y a un mois, on a failli annuler le combat lorsqu'on a appris que Dave s'était blessé au pouce droit. Dave junior a tenu à respecter son engagement, et le jour du combat, le médecin lui a gelé la main. »

131

La cloche annonçant le 12ᵉ round retentit. Les deux hommes se jettent dans un corps à corps bestial. On dirait une dernière danse macabre, couronnant une vaste chorégraphie inhumaine. Les deux pugilistes ont le visage ensanglanté et le corps couvert de meurtrissures.

Pendant les 11 rounds précédents, chaque coup a infligé la douleur. Les corps en portent les marques, comme s'ils devaient tenir une comptabilité du combat. Les moindres recoins du corps sont scrutés par l'adversaire qui pourrait le torturer encore.

Les boxeurs tentent de rationner leur souffle, ils cherchent d'ultimes parcelles d'énergie au plus profond d'eux-mêmes. Ils en ont besoin pour terminer le combat. Les deux hommes, rendus au point de rupture, titubent à tour de rôle. L'un des adversaires pourra-t-il encore prendre le dessus?

La fin du round arrive comme une libération. Les deux corps se séparent enfin. Chaque boxeur retourne dans son coin avec la certitude d'avoir remporté la victoire. Les spectateurs guettent avec anxiété le verdict des juges.

Le présentateur proclame les résultats: «The…eeee… New… champion in the World… Daaaave Hiiiilton!» La foule est en délire! Dave avait enfin réussi. Toutes ses années d'efforts étaient finalement récompensées.

C'était le 16 décembre 2001. Le mauvais garçon, le bandit des ruelles, avait gagné ses titres de noblesse, il était devenu le roi des rings! Dave Hilton, champion du monde de l'une des catégories les plus convoitées, les super-moyens de la WBC.

Au pied du ring, les journalistes n'en reviennent pas de ce *happy end*. Ils participent, malgré tout, à la fête, car les confettis et les paillettes pleuvent sur eux à la suite de l'explosion de joie des vainqueurs.

À sa sortie du ring, Thobela était furieux. Il avait la certitude de s'être fait voler sa couronne. Il répétait inlassablement qu'il porterait plainte aux dirigeants de la WBC : « Je me suis fait voler mon titre. Je pense sincèrement que j'ai remporté le combat, c'est la raison pour laquelle j'ai levé les bras à la fin du 12e round. »

La « rose de Soweto » lancera ensuite ses dernières épines en direction des juges, à qui il reprochait d'être uniquement américains : « La foule les a influencés. Je m'y attendais en

Dave devient le deuxième champion du monde du Clan. Il est ici porté par son frère Alex.

Photo : Tony Triconi

133

venant ici. Je n'ai pas eu peur de défendre mon titre dans un autre pays, dans la ville de mon adversaire. J'ai fait de mon mieux, mais à en croire les juges, ce n'était pas suffisant... »

Le camp sud-africain regagne le vestiaire avec un air sombre. Gageons qu'il n'avait plus envie d'offrir des roses à la foule !

Pendant ce temps, dans le Clan Hilton, c'est l'euphorie ! Dave junior enchaîne les entrevues au même rythme que ses crochets durant le combat : « Je voudrais remercier Dieu. Je dédie cette victoire à tous les Québécois et à mon grand-père qui a eu des problèmes cardiaques. J'ai fait beaucoup d'erreurs dans ma vie, mais là, je me suis payé un beau cadeau que je partage avec tous. Je viens de disputer le combat le plus difficile de ma carrière, mais aussi le plus satisfaisant. Ma condition physique était parfaite, même si je suis encore un peu rouillé. Je suis champion et j'ai encore de la misère à y croire. »

Dave est maintenant intarissable, comme s'il devait rattraper, ce soir, toutes les années perdues, toutes les années gâchées. Il rendra hommage à son adversaire, reconnaissant des qualités qui avaient laissé des marques sur son corps : « Il est fort comme un lion, et il m'a fait mal avec ses droites à deux ou trois reprises. J'ai attaqué en force, mais je me devais d'économiser ensuite mes énergies si je voulais terminer le combat en force. J'ai maintenant hâte de défendre mon titre, peu importe que ce soit Lucas, Catley ou Thobela. Je serais même prêt à rencontrer Stéphane Ouellet, à lui accorder une chance comme on m'a accordé la mienne ! »

La foule s'attarde, pour ne perdre aucune miette de l'incroyable moment qu'elle vient de vivre. Elle continue d'applaudir son champion du monde, comme si elle était un peu responsable de son succès. D'ailleurs, ne l'était-elle pas ? Cette victoire est un peu la sienne, il est juste pour elle d'en vivre le plaisir. Les spectateurs attendaient ce moment depuis si longtemps !

Cela aurait pu être une soirée parfaite, si Alex avait aussi gagné son combat. Surprenant Alex, qui se frottait au jeune loup Hercules Kivelos, un gamin aux cheveux gominés, sorti tout droit d'un film italien ! Le vieux renard a bien failli l'emporter. Son adversaire a eu toute les peines du monde à remporter la décision. Les juges rendront même un verdict aux allures de victoire pour Alex. Une décision partagée.

À cela s'ajoute une autre « presque » victoire pour le valeureux Alex, qui partageait la joie du couronnement de son aîné. Il était ravi de voir un membre du Clan honoré. C'était un soulagement pour tous les Hilton d'ajouter une victoire importante à leur palmarès.

Mais Alex ne ressentait-il pas de la rancœur aussi ? Lui qui a été si souvent laissé de côté, tel le troisième homme de la bande. Celui qui faisait le guet. Celui qui ne montera jamais sur le podium.

Dave ne méritait peut-être pas ce sauvetage de dernière minute. Car c'est le fils du Clan qui a fait le moins de concessions, le moins de sacrifices. Celui qui possédait le plus beau talent, certes, mais qui l'a gâché à force de délits et de beuveries.

Il n'y a peut-être pas de justice pour Alex, qui est demeuré un artisan dans l'âme. Se sachant limité, Alex a continué d'y croire. Il a sué sans doute plus que ses frères pour obtenir des résultats moyens. Mais ses efforts étaient sincères, dénués d'artifices. Alex a offert très peu de mauvais spectacles. Ou sinon, il s'en est excusé. C'est d'ailleurs le seul qui a reconnu l'existence du « gâchis » Hilton. Le seul qui a accepté une aide extérieure du Clan, remettant celui-ci en question. Cela lui a valu de nombreuses fois d'être le paria, d'être rejeté par le chef de famille.

Le père ne pardonnait pas non plus à Alex de se rapprocher de Gilles Proulx. Il ira même jusqu'à dire que le vrai père d'Alex est Gilles Proulx, et que son fils est devenu un Chinois (faisant référence à l'épouse d'Alex). Une autre raison absurde pour rejeter son fils. Gilles Proulx s'est toutefois révélé un redoutable négociateur, ce que n'était pas Dave senior. Il arrivera à soutirer au groupe montréalais, Interbox, deux bourses de 55 000 $ pour qu'Alex affronte Éric Lucas et Hercules Kivelos. Cela fera dire à Régis Lévesque, un promoteur de boxe rusé, que Proulx avait réussi un véritable hold-up !

Alex contemple maintenant cette couronne qu'il ne gagnera jamais. Un trophée hors de portée. Il est pourtant si

Photo: Éric Barbeau

Malgré un talent limité, le valeureux Alex s'accroche à ses gants.

près, il peut même le toucher, mais jamais son prénom ne sera gravé dessus. Un mélange de joie et de dépit traverse son visage, marqué par son dernier combat et sa « presque » victoire.

La chambre 466

Les vivats du Centre Molson se sont tus. Le Clan Hilton s'est rendu dans une chambre d'hôtel pour fêter la victoire. Sans le père, toutefois, qui est encore brouillé avec le nouveau champion du monde. Une autre de ces brouilles dont on a oublié la raison. Dave avait eu une entente avec la justice et pouvait, exceptionnellement, fêter avec les siens avant de retourner au centre de désintoxication.

En voyant le Clan quitter bruyamment le Centre Molson après la victoire, la plupart des observateurs imaginaient déjà l'orgie hiltonienne. Et pourtant, Dave se contentera de boire du jus d'orange. Henri Spitzer confiera que la soirée fut difficile pour Dave qui devait sans doute voir, au fond de son verre, les démons d'autrefois lui faire signe. En signe de solidarité, Henri trinquera lui aussi avec du jus d'orange, symbole d'une bataille difficile.

Il est maintenant 8 h 30. Les murs de l'Ancrage, la maison de désintoxication de Dave, sentent désespérément le tabac froid. Les couloirs sont aussi tristes et désolés que la population qui les habite. C'est dans ce genre de dernier radeau de la Méduse, ultime refuge des naufragés sans horizon, que le nouveau champion du monde des poids moyens commence sa journée. Assis sur son lit, le visage tuméfié à cause du terrible combat de la veille, Dave Hilton regarde la ceinture qu'il avait si longtemps convoitée. Elle est à lui, il l'a gagnée. C'est un symbole de puissance, de gloire et d'argent. Et pourtant, elle brille dans un lieu de désolation. Étrange retournement pour cet objet de culte qui a accompagné tant de champions, connu tant d'heures de gloire.

Quel incroyable paradoxe ! Tandis que la plupart des champions paradent avec leurs bijoux clinquants et signent des autographes après une victoire, Dave Hilton se contente de regarder cette ceinture qui ne reflète aucune lumière, tellement les rayons de soleil ont de la difficulté à se frayer un chemin jusqu'à la chambre 466. Quelle ironie du sort ! Dave a rêvé de ce moment de gloire pendant plus de 20 ans et, maintenant qu'il l'a atteint, tout cela ressemble à une mauvaise blague.

Hilton, le champion du monde, déambule dans des couloirs où il passe presque inaperçu, hormis quelques autographes signés. Certains résidents le remercient du geste de la veille : Dave leur avait procuré de bons billets pour assister au combat. Cette parade insolite sera le dernière récompense du champion.

Dave Hilton se dirige maintenant vers les toilettes pour les récurer. Chacun a sa petite corvée à L'Ancrage. Chacun doit participer à l'entretien de la maison avant de se rendre aux séances de thérapie.

La scène est surréaliste et pathétique à la fois. Le champion du monde, le détenteur du titre le plus convoité par les boxeurs de la planète, est en train de nettoyer de vulgaires chiottes ! Hilton endure une épreuve terrifiante, plus dure que tous ses combats. Car les règles qu'il suit désormais ne sont plus les siennes !

Avant de se rendre à la messe quotidienne, Dave fera un heureux : un vieux monsieur à la barbe grisonnante et aux yeux tirés par une existence difficile, à qui il prête sa ceinture quelques instants. Le vieux monsieur observe le trophée, en se demandant quelle nouvelle blague le jeune Hilton a encore inventée.

La journée se termine, à 22 h, par un couvre-feu non négociable. Dave s'allonge sur un lit aux dimensions monacales. Il prend sa ceinture en guise d'oreiller, ferme le seul œil encore valide cette journée-là (l'autre était tuméfié, gracieuseté de Thobela). Puis, il s'endort en s'en remettant à Dieu, qui deviendra son nouvel entraîneur pour le combat le plus difficile de son existence. La porte de la chambre 466 se referme sur une journée misérable.

Ce n'était rien par rapport à ce qui guette l'aîné du Clan...

Le dernier chevalier

Avant d'en venir aux circonstances qui ont mené Dave Hilton une nouvelle fois derrière les barreaux, essayons de suivre la destinée de ses autres frères boxeurs. Matthew n'est plus qu'une pâle copie du champion du monde qu'il a été. Il est à moitié aveugle, et vit dans un demi sous-sol. Son handicap, il le doit à quelques prisonniers qui voulaient se vanter d'avoir rossé l'ex-empereur des super mi-moyens.

De ce Clan en perdition, il ne reste plus qu'Alex qui surnage. Il semble avoir repris le bon chemin grâce aux conseils prodigués pas l'ami et confident, Gilles Proulx : « J'ai toujours cru qu'Alex était, des trois, celui qui avait le plus de tête sur les épaules. Il m'a rarement déçu, même si les démons revenaient parfois le hanter. Avec Alex, il fallait fixer des paramètres de confiance mutuelle clairs, si on voulait que cette relation fonctionne. Sa femme va aussi beaucoup contribuer à ce qu'on pourrait appeler sa réhabilitation. »

Le célèbre animateur de radio essaye d'inculquer à Alex le goût des belles choses. Il tente, tant bien que mal, de combler des lacunes culturelles, un élément essentiel pour la réussite de son plan. Mais les choses n'iront pas toujours comme il le voudrait : « Je lui avais parlé beaucoup de l'histoire de France, de l'empereur Napoléon, de ses stratégies, de ses glorieuses batailles… » Empereur, stratégies, batailles, voilà bien des mots qui éveillaient des échos dans la tête du boxeur, devenu écolier de circonstances. Entiché de la France, Alex se transformera en défenseur des nobles causes.

« C'était lors du mondial de football 1998 », se souvient Gilles Proulx. Alex était devenu intarissable sur la France, à un point tel qu'il suivait avec assiduité les matchs de la coupe du monde de football. Lors de la finale victorieuse de la France, Alex était dans un bar où l'on projetait le match. Soudain, il entend un partisan allemand faire une remarque désobligeante sur la France. Alex foncera, tel un justicier sur son destrier, pour défendre l'honneur de la belle avec la seule arme qu'il connaît : ses poings ! Au grand dam du professeur Proulx, qui ne s'attendait pas à un tel prosélytisme de la part de Hilton.

Pendant que le « prof » inculque ses rudiments salvateurs, le boxeur vieillissant travaille sur un scénario différent de celui du parfait écolier. Alex veut compétitionner pour la fierté. Il veut racheter l'honneur perdu des Hilton.

Nous aurons l'occasion d'expliquer les événements qui ont conduit Dave en prison. Il faut savoir que Matthew n'est alors pas moins prisonnier, mais d'une obscurité qui croît au même rythme que ses yeux perdent leurs fonctions. Le Clan n'a plus que ces deux étoiles pâlissantes pour s'éclairer.

Alex souhaite rallumer le flambeau de la famille, qui jadis brillait sur le monde de la boxe montréalaise. Celui qui a toujours été considéré comme le troisième du Clan compte devenir ce phare qui guidera le reste de la famille. Alex, qui a toujours été dans l'ombre de ses frères, sous l'autorité du père, entend prouver qu'il est, lui aussi, un membre éminent du Clan.

Le chef connaît pertinemment les limites de son fils. Il sait que la pente est raide et qu'il est aujourd'hui trop tard pour Alex. Les jambes, les bras, le cœur, ne peuvent plus suivre le rythme infernal auquel le Clan les a habitués. Le peu de lucidité qui reste au père ne lui permettra pas d'enlever, dans l'esprit de son fils, ce désir, ce geste de désespoir.

Si seulement Dave senior avait su trouver les mots pour faire comprendre à Alex qu'il était en bout de piste, qu'au-delà ne l'attendait aucune victoire. S'il avait pu lui indiquer un autre chemin, conduisant, par exemple, vers les prés fertiles de l'Écosse natale. Un chemin où le fils retrouve son père, après s'être perdu. Le chemin que suit d'instinct l'amour filial, quand il n'est pas trop contrarié. C'était sans doute trop demander à l'ancien champion poids léger, dont les épaules meurtries par les épreuves du temps ne pouvaient plus porter une telle charge.

Alex remontera donc dans le ring. Il était sans doute à la recherche d'un vain Graal. Cet énième retour rappelle les vieux acteurs qui refusent de quitter la scène, par peur du vide. Il s'agit peut-être d'un combat de trop, qui va plonger le boxeur dans un océan d'amertume. L'athlète dépassé se réveillera comme un pianiste qui, toute sa vie, n'aura joué qu'un seul morceau, alors qu'il s'était cru virtuose. Le mauvais piano aux touches ballantes, à la sonorité discordante, qu'Alex veut amener dans l'arène pour un dernier spectacle, un dernier concert, c'est son pauvre corps usé...

Un combat de championnat... canadien

C'est à Toronto que se fera le retour d'Alex. Ce sera son septième championnat canadien. Cette fois, il essayera de conquérir la couronne canadienne des poids moyens. En face de lui, se trouve le Torontois, Byron Mackie, avec ses 18 victoires et 8 défaites. On est loin des 37 victoires, et seulement 7 défaites, de Hilton. La fiche d'Alex démontre certes l'expérience du pugiliste, mais elle annonce aussi tellement une fin de carrière.

Le père ne sera pas dans le coin du fils, refusant d'être complice de cette fin annoncée. Il désertera les entraînements, les présentations publiques, pour bien faire sentir au fils que, cette fois, c'est bel et bien fini. Geste ô combien prémonitoire !

C'est un combat de 12 rounds qui attend Alex dans le Hershey Center de Toronto, en ce vendredi 1er février 2002. Douze reprises qui seront, pour le vieux boxeur, un véritable marathon. Il lui faudra économiser chaque souffle, ménager ses coups avec la prévoyance de l'écureuil, limiter ses déplacements au minimum, s'il veut franchir ce mur si familier des coureurs de fond. Celui qui fournit le regain de vie au moment de franchir la ligne d'arrivée.

Après six reprises qui ont vu un Hilton au mieux de sa forme, grâce à la préparation quasi magique du sorcier Abe Pervin, l'entraîneur le plus expérimenté au pays, Alex commence à montrer d'inquiétants signes de fatigue. Le combat est féroce, extrême, et presque héroïque pour un boxeur de 37 ans.

C'est au septième round que Mackie prend le contrôle du ring. Le Torontois entraîne alors Hilton dans une valse effrénée, sans manifester la moindre pitié pour le boxeur à bout de souffle. Alex se heurte maintenant à un mur qui lui renvoie au centuple le moindre coup porté !

Au 12e round, Mackie bombarde son adversaire avec une redoutable minutie. Un direct de la main droite du Torontois s'écrase sur le nez, si souvent aplati, du Montréalais. Alex tangue sur ses jambes qui semblent sur le point de l'abandonner, cruel indice du K.-O. annoncé. Pourtant, il se redresse fièrement, comme s'il portait la totalité des membres du Clan sur ses épaules. Il souhaite finir ce qui pourrait être sa dernière besogne.

« Mes coups manquaient de puissance et de vitesse », avouera Alex au confrère Daniel Cloutier, à sa descente du ring. Il ajoutera même cette phrase, signe des grands professionnels : « Je n'avais pas besoin d'attendre que l'annonceur maison confirme la victoire de Mackie, je savais que j'avais perdu. » Cette humble reconnaissance de la supériorité de l'adversaire est la marque des champions.

Je ne connais pas d'autre sport qui amène deux athlètes à se marteler pendant presque une heure, à se dépenser jusqu'à l'ultime goutte de sueur, pour ensuite se faire l'accolade, se félicitant du spectacle qu'ils viennent d'offrir, complimentant même l'autre pour les bons coups qu'il a réussis. Mais j'ai encore plus d'admiration pour l'athlète qui s'avoue ouvertement vaincu, rendant les armes (pour un soir, un soir seulement) au vainqueur !

Alex fera ensuite cette surprenante, mais franche déclaration : « Je ne deviendrai jamais champion du monde comme mes frères, Dave et Matthew, mais je pense avoir encore le goût de boxer... »

Après sa défaite, Alex, la mort dans l'âme, regagnera le vestiaire, appuyé sur l'épaule encore solide du vieil entraîneur. Abe Pervin sait que, ce soir, les plaies seront difficiles à panser...

Il connaît bien cette scène du boxeur déchu, se retrouvant seul face à sa peine. Il l'a vue tellement de fois. Ce soir, elle comporte quelque chose de plus pathétique encore : la fin qu'il lit dans les yeux d'Alex pourrait être aussi la sienne. Pour Abe, la boxe est cet ultime refuge, cette dernière communauté qui l'accepte. C'est elle qui reconnaît le talent d'un

Photo : Éric Barbeau

Alex sait-il au moins que les belles années sont derrière lui ?

des plus grands entraîneurs que le Canada ait connus. Abe sait aussi qu'il peut en montrer encore à ces petits baveux qui pensent qu'ils sont déjà des grands champions. Qu'il peut en montrer à ceux qui, comme Alex, n'ont pas encore compris que leur carrière est derrière eux.

La force tranquille

Huit mois se sont écoulés depuis la défaite du dernier Hilton encore présent dans le ring. Les rumeurs concernant un énième retour d'Alex dans une arène se font de plus en plus persistantes. Si l'éternel retour d'Alex n'échauffe plus depuis longtemps les « débats » des tribunes radiophoniques, la curiosité de l'amateur sera cette fois piquée au vif. Car on parle également d'un retour d'Alain Bonnamie. Un combat revanche dont le public, sept années plus tard, se plaît à rêver.

Pendant ce temps, un combat pour la troisième défense du titre de champion du monde d'Éric Lucas était annoncé pour le 6 septembre 2002 au Centre Molson. Lucas est ce boxeur patient qui a profité de la chute du champion, Dave Hilton, pour enfin éclore. Pour une fois, la première place revenait au boxeur besogneux.

Le pugiliste de Sainte-Julie a commencé sa carrière pendant l'ascension de Stéphane Ouellet. Il était toujours le second, celui qu'on oubliait dans un coin. Mais Lucas attendait son tour, s'entraînant comme un damné, allant chercher les conseils, les astuces, acceptant de répéter inlassablement le même geste afin d'atteindre une sorte de perfection. À l'inverse de Ouellet qui « rêvait » d'un titre, et de Dave Hilton qui l'a perdu en prison, Lucas n'est pas un naturel. Lucas, c'est l'artisan de la boxe, qui accomplit toujours un travail soigné. C'est l'élève appliqué, qui répète ses leçons.

Dans le cas du champion du monde Lucas, on ne parle plus seulement de patience, mais de tous les termes analogues : persévérance, courage, sang-froid et, bien sûr, tranquillité. Cette force tranquille a attendu sagement que son tour vienne. Lucas a gravi un à un les échelons de l'échelle pugilistique, en prenant le temps de s'arrêter à chaque barreau, comme s'il répétait le lent parcours d'un chemin de croix. Sans commettre d'abus, sans faire de grabuge, Éric Lucas s'est toujours tenu loin de la colonne des faits divers.

Lucas brisera même une vieille amitié, en s'éloignant sagement de son vieux copain, Stéphane Ouellet, qui l'a même traité de lâche. Mais Éric s'est abstenu de répondre brutalement à la provocation, manisfestant une sobre indifférence devant l'insulte.

Lucas a réussi à se tenir debout à la force des poings, mais aussi grâce aux valeurs engrangées au cours d'une vie difficile. Celui que les Québécois ont surnommé affectueusement « Lucky Luke » est devenu champion du monde à la suite d'un combat mémorable contre le Britannique Glenn Catley, le soir du 10 juillet 2001. Après avoir envoyé Catley visiter le plancher une première fois au sixième round, Lucas terminera son œuvre à 30 secondes de la fin du septième.

Si cette soirée du 10 juillet fut miraculeuse pour le camp d'Yvon Michel, qui voyait revivre ses champions, elle le fut un peu moins pour Alex. Le troisième dans la hiérarchie du Clan avait accepté une invitation de dernière minute, remplaçant au pied levé Stéphane Ouellet qui devait rencontrer

Joe Gatti. Encore une fois, le poète s'était accroché les pieds au coin d'une rime sordide !

Joe Gatti faisait un peu partie de la famille Hilton, puisqu'il s'agit du frère de l'ex-champion du monde, Arturo Gatti, célèbre beau-frère de Dave junior. Ce soir-là, Joe Gatti sera impitoyable pour Alex qui ira deux fois au tapis au cinquième round avant que l'arbitre n'arrête le massacre ! Cette nouvelle défaite n'empêchera pas Alex de remonter dans le ring.

Pendant ces sempiternels retours d'Alex, la « force tranquille » continuait son petit bonhomme de chemin en défendant vaillamment son titre de champion du monde pour la première fois contre le Sud-Africain, Dingaan Thobela, celui-là même qu'avait vaincu Dave pour obtenir son titre. Eric « fanera » la « rose de Soweto » en huit rounds.

Le 1er mars 2002, ce sera au tour du redoutable Italo-Américain, Vinny Pazienza. Un boxeur d'expérience, avec une gueule d'acteur à faire pâlir d'envie Dave Hilton qui pensait être le Al Pacino de la boxe. En guise de défi lancé à Lucas, le vétéran boxeur de 39 ans dira : « J'ai affronté cinq Canadiens durant ma carrière, et je leur ai tous botté le derrière ! »

Vinny « Paz », surnommé le « Pazmanian Devil », n'était pas le premier boxeur venu. Sa fiche comportait 49 victoires, dont 30 par K.-O. ! Paz avait été champion du monde des poids légers, puis des super mi-moyens. Le « diable de Pazmanie » pouvait se permettre de fanfaronner devant Lucas, car il s'était frotté à des boxeurs comme Hector Camacho, Roy Jones Jr et Roger Mayweather.

Cette deuxième défense de titre de Lucas aura lieu au Foxwoods Casino de Mashantucket, dans le Connecticut. Un sinistre endroit, se trouvant au milieu d'une réserve indienne, à des lieues de toute civilisation.

Pazienza, qui n'avait de patience que le nom, entame le premier round comme s'il voulait en finir le plus rapidement possible avec Lucas. Cette fougue fort prévisible de l'Italo-Américain sera canalisée avec la sagesse d'un maître par Lucas.

Le champion du monde en titre suit son plan de match, se montrant combatif tout en demeurant prudent, car le vieux lion avait encore de beaux réflexes. Exténué après 11 rounds, Pazienza voudra finir le 12e en beauté. Il souhaitait en mettre plein la vue à ses admirateurs, venus nombreux, qui se faisaient peu d'illusion sur une probable 50e victoire de leur idole.

Pendant que Vinny Pazienza reprenait péniblement son souffle, les juges déclaraient Lucas vainqueur à l'unanimité. Le sympathique vétéran rendra hommage, à sa manière, au boxeur de Sainte-Julie : « Je pense que ce soir, je me suis fait botter le derrière à mon tour par un Canadien ! »

Lucas pouvait penser maintenant à sa troisième défense de titre, qui se tiendrait six mois plus tard. Le combat est prévu pour le 6 septembre contre le boxeur d'origine palestinienne, Omar Sheika.

Entre-temps, la rumeur persistante s'est transformée en « nouvelle ». Alain Bonnamie est bel et bien de retour ! Il avait pourtant annoncé sa retraite, après que les médecins eurent diagnostiqué un décollement de la rétine à 80 %, en plus d'une déchirure de l'œil à cinq endroits différents.

Trois années et quatre opérations plus tard, Bonnamie a reçu le feu vert des ophtalmologistes pour remonter dans le ring.

« Beaucoup de gens me trouvent stupide, mais je reviens parce que l'amour de mon sport est trop grand », déclarera un Bonnamie qui avait retrouvé sa forme d'antan. Les spécialistes qui connaissent bien le sympathique boxeur de 38 ans me confieront qu'il revient certes pour l'amour de la boxe, mais aussi à cause de son amour pour le jeu. Après avoir perdu de substantielles sommes d'argent, la bourse d'un soir serait, paraît-il, bienvenue.

Sept années se sont écoulées depuis le formidable affrontement entre Bonnamie et Alex Hilton. Les amateurs se souviendront du combat entre les deux guerriers, un combat qui avait subjugué la foule, à l'époque. Bonnamie s'était rendu à la limite des 10 reprises avec une mâchoire fracturée, concédant finalement la victoire à Hilton.

Photo : Roger Martel

Le premier qui a cru aux Hilton, le fidèle Roger Martel.

C'est peut-être pour cela que l'affiche attirera les specta-teurs, bien que la carte principale entre Lucas et Sheika en fasse saliver plus d'un. Cette fois, les avis sont partagés. On se dit que Lucas aura du mal à défendre une troisième fois son titre.

La soirée débute en beauté avec le premier combat, chez les professionnelles, de la boxeuse Danielle Bouchard. La pugi-liste de Jonquière avait été une des premières femmes à monter dans le ring « très viril » du Centre Molson, lors de sa carrière amateur. Celle qui, dans le civil, était institutrice, a finalement fait le saut chez les professionnelles. Deux reprises seront suffisantes pour mettre Star Holmes hors de combat. Il faut dire que Star était passablement « éteinte » après l'avalanche de coups de la Québécoise !

Après la victoire par K.-O., à la troisième reprise, de l'étoile montante montréalaise chez les super mi-moyens, Joachim Alcine, c'est au tour des deux guerriers vétérans, Alex Hilton et Bonnamie, de faire leur entrée dans le ring. Les deux boxeurs sont vieillissants. Leurs coups n'ont plus l'assurance d'antan. Ils ont du mal à entrer dans la danse, tels des acteurs qui auraient oublié le texte d'une pièce qu'ils ont pourtant jouée une centaine de fois.

L'affiche qui autrefois faisait courir les foules montre deux gloires déchues qui attirent en fait la compassion des specta-teurs. Alex se tient dans le ring comme un gamin qui rêve de gloire devant son miroir. Bonnamie, qui faisait un retour plus vénal que passionné, est applaudi surtout par sa femme, une jeune et jolie Vietnamienne, qui s'époumone à chaque fois que son preux chevalier porte un coup.

À la fin du deuxième round, Alex retourne dans son coin après avoir encaissé trois *uppercuts.* Cela lui rappelle combien là boxe peut faire mal ! Même les bons soins du vieux sage, Abe Pervin, n'y pourront rien. Le vieil homme de 84 ans, qui a l'air plus jeune que les plaies qu'il est tenté de panser, sait qu'Alex triche avec lui-même. Abe sait qu'Hilton ne respecte pas le tic-tac d'une horloge cruelle, celle du temps. Le vieil entraîneur l'encouragera tout de même : il mimera un crochet du gauche, comme si cela pouvait être son salut.

À la quatrième reprise, les deux gladiateurs tiennent encore debout. Le public ferme un instant les yeux, pour se rappeler le combat d'autrefois. « Bouge, bouge ! Bouge la tête ! », crie-t-on dans le coin d'Alex. Son frère Matthew, qui se trouve au pied du ring, ne lésine pas sur ses encouragements : « Jab ! Jab ! Come on ! »

Les deux hommes se rendent maintenant coup pour coup, sans respect, avec la hargne, mais aussi le désespoir de celui qui n'a plus rien à perdre. L'ami et le protecteur d'Alex, l'animateur Gilles Proulx, se tient sur la pointe des pieds, hurlant comme un damné : « Vas-y, Alex, vas-y ! Comme ça, oui ! »

La cloche annonçant la fin de la cinquième reprise calmera ses ardeurs ! Au sixième round, on assiste à un balai gestuel pour le moins surréaliste. Au pied du ring, les gestes de Matthew font penser à un guide de musée décrivant le tableau de la bataille d'Austerlitz. Dans la foule, ceux de la frêle Vietnamienne, qui avait jusqu'ici les mains jointes, miment maintenant, un peu maladroitement, deux directs du gauche. Gilles Proulx, quant à lui, nous fait une parfaite imitation de la puce sauteuse ! Ces scènes en superposition impressionneront le caricaturiste Chapleau, qui en a pourtant croqué bien d'autres !

La cloche n'a pas encore sonné la fin du sixième round, qu'Alex se retrouve au plancher. Dans le Clan, c'est la consternation ! Alex sera sauvé par la cloche. Il rejoindra péniblement son coin où on l'attend fébrilement. Dans le camp Hilton, on s'affaire comme dans une salle d'urgence qui voit arriver un accidenté. Les secondes de répit du boxeur filent à une vitesse vertigineuse, et on n'a pas le temps de colmater toutes les plaies.

C'est un pugiliste diminué, n'ayant pas réussi à trouver son second souffle, qui s'engage dans le septième round. Bonnamie le sait. Il attend patiemment le moment où il pourra fondre sur une proie vulnérable, suintante de sang. Bonnamie n'aura cependant pas le temps de mettre son plan machiavélique en marche. Voyant dans les yeux de Hilton tout le désespoir de la victime qui implore la clémence de ses bourreaux, l'arbitre mettra un terme au combat. Pendant que l'arbitre agite ses mains, Matthew, qui n'a rien vu de la scène, bouscule tout le monde à la recherche d'une serviette à lancer, afin de demander l'arrêt immédiat du combat, du massacre devrait-on dire.

Dans le ring, Alex titube, balbutie des réponses aux questions de l'arbitre qui veut s'assurer de la santé du boxeur, tandis que la serviette vole enfin au-dessus de la tête des deux hommes. La femme d'Alex se rue vers son bien-aimé, qu'elle a peine à reconnaître. L'ami Proulx, qui s'était fait soudainement discret, regarde la scène déchirante, prêt à intervenir pour consoler Hilton à son tour.

Un triste tableau, une triste fin pour celui qui s'était présenté honnêtement dans le ring. Lui qui voulait tellement bien faire, comme s'il souhaitait remercier son entourage pour les encouragements prodigués pendant les longs mois de préparation. Pendant que Matthew retire précautionneusement les gants de son frère, dans la salle, le présentateur hurle : « Vainqueur par K.-O. au septième round, Alain Bonnamie ! »

Descendant à son tour du ring, congratulé par sa femme, Bonnamie rendra un vibrant hommage à Alex (avec le temps, les deux ennemis étaient presque devenus des frères du ring !) : « On a vieilli et on sait maintenant que l'intimidation ne sert à rien. Alex s'est battu avec l'énergie du désespoir. L'orgueil des Hilton était là, comme toujours. C'est le plus dur combat de ma carrière ; Alex est un combattant qui ne lâche jamais ! Jamais je ne le remercierai assez de m'avoir offert la chance de me battre contre lui. J'ai de la peine de voir comment ça se termine pour lui, mais il fallait un vainqueur. Ce soir l'un de nous deux a douté et, vous savez, quand on doute, c'est qu'on n'a pas la réponse. Et pour un boxeur c'est le début de la fin ! »

Ce que ne savait pas Bonnamie, ce soir-là, c'est qu'il y avait longtemps que le doute s'était installé chez Alex, mais qu'il ne voulait pas l'admettre ou seulement le voir. Pendant que Bonnamie savourait sa victoire et parlait de retraite définitive, Alex allait se faire recoudre l'arcade sourcilière.

Encore une fois, il n'était pas question de retraite. Alex voulait continuer malgré le doute. Questionné sur l'utilité d'un énième combat, sur la leçon qui aurait dû depuis longtemps suffire, l'ami Proulx aura cette réplique cinglante : « Alex est de la race des Guy Lafleur, des gars qui ne lâchent jamais ! Son nom est encore magique, même s'il n'est plus le boxeur qu'il était. Mais Guy Lafleur n'était plus le joueur qu'il était quand il a joint les Rangers de New York ! »

Pendant que Gilles Proulx tirait encore des plans sur la comète, un bruit assourdissant provient de l'arène du Centre Molson. Le troisième round du combat de championnat du monde entre Éric Lucas et Omar Sheika bat son plein. Un round explosif! Les deux boxeurs titubent à tour de rôle sous la puissance des coups. Chacun se tient à la limite du K.-O. fatal.

Leur splendide condition physique les mènera jusqu'à la limite des 12 engagements, remportés presque entièrement par un Éric Lucas en pleine possession de ses moyens. Lucas s'envole vers une troisième victoire en autant de défenses de son titre de champion du monde! Un exploit que Dave Hilton ne verra pas dans sa cellule, mais que ses «colocataires» se feront un malin plaisir de lui annoncer bruyamment!

Car, même s'il n'était pas présent, le nom de Dave Hilton était sur plusieurs lèvres. Les spectateurs se questionnaient sur un éventuel retour. Chacun spécule sur les chances de l'aîné du Clan lorsque, du haut de sa quarantaine, il sortira de prison. «Pourra-t-il récupérer son bien?», demandent ses fidèles supporteurs. «Arrivera-t-il seulement à remettre des gants?», diront les plus ironiques. Quant aux «puristes», la question est plutôt de savoir si ce type de rencontre est susceptible d'intéresser Lucas. Il y en a même qui s'interrogent sur un boycott possible de Dave junior!

Il est temps maintenant d'en venir au fait, de raconter la tragédie qui s'est abattue sur le Clan en janvier 2002. Cette triste histoire mériterait, comme on dit dans *Les mille et une nuits*, d'être gravée au coin des prunelles humaines, pour faire réfléchir tous ceux qui se plaisent à tirer leçon de l'expérience d'autrui...

La chute du champion du monde

Après son triomphe du 16 décembre 2001, Dave junior fête pendant plusieurs semaines à coups de chocolats chauds, de cafés et de boissons gazeuses. Les promoteurs lui cherchent déjà un adversaire pour la défense du titre. On parle d'Éric Lucas, mais surtout du Britannique, Glen Catley. Les négociations vont être difficiles, car il faut aller vite. Idéalement, le combat devrait être conclu avant la journée fatidique du 23 janvier, date à laquelle Dave doit comparaître devant la justice pour une affaire d'agression sexuelle sur des mineures...

Photo: Tony Triconi

Gilles Proulx, un autre ami fidèle de la famille.

Encore une fois, Hilton est rattrapé par le passé. On ne parle cependant plus de rapines minables, mais bien d'une affaire criminelle grave. En ce 23 janvier 2002, l'ambiance est lourde dans les corridors sinistres du Palais de Justice de Montréal. La meute de badauds et de journalistes est aussi impressionnante que lors du procès du Hells Angel, Maurice « Mom » Boucher. Tout le monde se bouscule pour ne pas rater l'arrivée du champion. Celui-ci semble encore grisé par les applaudissements des 12 000 spectateurs, qui ont déferlé sur lui il y a un mois à peine.

Entouré du Clan et d'Henri Spitzer, l'ami de toujours, Dave se dirige d'un air inquiet vers la salle où l'attend la juge Rolande Matte. Il n'y a plus de mise en scène, plus de cornemuses, seulement un homme qui se présente devant la justice. Hilton met son sort sur le plateau d'une balance, qui menace de s'engouffrer dans les plus sombres abîmes. Le public et les journalistes s'entassent dans la petite salle qui n'est pas habituée d'accueillir autant de visiteurs. Il y règne une atmosphère de foire, tellement les gens sont dissipés.

Soudain, on annonce l'entrée de l'actrice principale, la juge Rollande Matte qui traîne une réputation de dame de fer ! Le silence se fait aussitôt, comme si chacun avait entendu les trois coups annonçant le début de la pièce. Début du premier acte. L'énoncé des accusations jette un froid dans cette salle pourtant surchauffée : « Agressions sexuelles répétées sur deux jeunes adolescentes entre 1995 et 1998. » Ces mots frappent l'assistance en plein visage, comme une nuée de gifles venant la rappeler à la réalité.

On a tout juste le temps de se remettre du choc, que le premier témoin se fraye un chemin et s'avance vers le prétoire. La jeune fille d'à peine 17 ans semble écrasée sous le poids des révélations qu'elle s'apprête à faire. On lit bien dans ses grands yeux vides toute la détresse d'une jeune fille laissée à l'abandon et qui a vécu des histoires qu'elle n'aurait jamais dû connaître. Sa peau, au bronzage tout méditerranéen, contraste quelque peu avec la pâleur du public. Elle s'avance dignement. Elle porte un chignon aussi fier que sa posture.

Quand elle passe près de son « bourreau », elle ne lui jette pas le moindre regard. Elle affiche l'indifférence la plus complète. Peut-être aussi craint-elle de revivre ces épisodes, répugnants et crapuleux, qui l'amènent aujourd'hui à témoigner devant la justice. Avec une voix juvénile, elle énumérera les faits incriminants. Comme elle est nerveuse et qu'elle parle très vite, la juge Matte cherche à la rassurer un peu. Elle peut prendre tout le temps qu'il faut pour expliquer, sans précipitation, l'étendue de sa douleur.

L'interrogatoire sera particulièrement pénible, avec des détails à la limite du soutenable. Elle a expliqué comment le boxeur l'avait initiée à l'amour, sous ses formes les plus vulgaires, alors qu'elle n'avait que 12 ans : « À cette époque, il me disait à quel point il m'aimait. Il m'expliquait comment embrasser en plongeant sa langue dans ma bouche, puis il réclamait que nous fassions l'amour oral presque tous les jours ! » Elle confessera que sa sœur cadette a été initiée aussi à ces jeux malsains. Alcool, séances de masturbation collective, viols, tout y passera pour les jeunes filles devenues esclaves sexuelles de l'insatiable boxeur. Le récit sordide conté par la jeune fille contenaient des détails cruels qui firent craquer une journaliste présente. Elle sortira de la salle en sanglots.

La voix étranglée par ses douloureux souvenirs, la jeune fille sanglotera à son tour. Elle racontera comment les agressions sexuelles se sont poursuivies pendant trois ans. Un calvaire inouï, avec quelques moments de répit seulement : « Il me disait qu'avant un combat important, cela lui faisait perdre de l'énergie, mais il brisait souvent cette habitude en se contentant uniquement d'amour oral. »

La délivrance viendra en 1999, quand les deux jeunes filles décident, malgré les menaces et les taloches de Hilton, de se confier à leur mère. L'aînée dira comment Hilton lui a volé sa virginité. Quant à la cadette, ses confidences feront rager leur Sicilienne de mère ! Elle envoie ses filles passer des examens à l'hôpital, et tout raconter à la police. Les longues procédures et la préparation du procès feront de la vengeance un plat froid, mais libérateur.

Les premiers jours du procès, Hilton niera tout, prétextant que les filles ont inventé leur récit pour se débarrasser d'un homme dont elles avaient peur. L'insolente assurance du boxeur s'amenuisera pourtant au fil des jours.

Pendant ce temps, le Palais de Justice de Montréal prend des allures de cirque, malgré la sinistre pièce qu'on y joue. On assiste à un va-et-vient presque indécent de fans, exhibant stylos et appareils photo, qui veulent à tout prix rencontrer leur champion ! Une belle jeune fille de 20 ans, Julie Morabito, récoltera, tout sourire, la signature du champion, tandis qu'une dame d'une soixantaine d'années attend son tour. Ce funeste carnaval fera pratiquement oublier les sévices dont est accusé le champion. Jusqu'aux policiers du gouvernement du Québec qui, remplis d'admiration pour Hilton, quêteront son autographe. Le comble sera atteint quand deux jeunes filles exigeront une bise en guise de trophée, ignorantes peut-être du drame qui se joue pour les deux autres.

Les tentatives de maître Paul Skolnik, l'avocat de Hilton, pour déstabiliser les jeunes filles seront vaines. Mais c'est le témoignage de la mère des deux malheureuses qui rivera le dernier clou de cette sinistre histoire : elle confesse avoir été aussi abusée par Hilton ! L'aveu tombe comme le pire des directs qu'aura reçus le champion du monde. La mère, troisième victime de cette misérable tragédie, raconte, durant d'interminables minutes, l'univers de violence qu'avait érigé Hilton autour de sa famille. Des murs de cloître qu'il était interdit de franchir, sous peine des pires sévices. Tout y passe : des brûlures infligées avec l'allume-cigarettes ou le fer à repasser, jusqu'aux humiliations sexuelles.

Cette fois, Hilton entame son dernier round. Il essayera d'expliquer à la représentante de la Couronne, l'avocate Hélène Di Salvo, sa version des faits. Il s'exprime de façon vague et balbutiante. Hilton tentera même d'amadouer l'avocate. Quel affront à faire à cette femme, reconnue pour être impitoyable avec les hommes dans son genre ! Hilton, sentant le dénouement proche, balbutiera : « Je reconnais être un ivrogne. Mais je suis aussi un homme strict, de la vieille époque... »

Un mois s'est écoulé depuis le début du procès. Les preuves contre Hilton se sont accumulées à la vitesse de ses célèbres crochets. Nous sommes le 16 mars, le Palais de Justice de Montréal s'apprête à abaisser le rideau sur cette misérable pièce. D'un côté, deux jeunes filles et leur mère, de l'autre, un homme qui les a emmurées dans la peur, qui les a souillées, qui les a avilies. Le silence qu'elles ont rompu a fait connaître au monde la dépravation d'un champion qui ne mérite plus ce titre. Un homme, transformé en bête, qui s'est délecté de la douleur de ses proies, sans manifester la moindre compassion. Une bête qui chassait sur un territoire familier, dont il connaissait chaque contour, parce qu'il l'avait tracé. Un homme indigne de savourer les joies de la liberté...

Dave junior se foutait des dangers qui le guettaient. Il transgressait joyeusement les règles de la plus élémentaire décence. Il s'est moqué, une fois de plus, des lois que la société a établies. Le champion se croyait partout dans un ring où tous les coups étaient permis. Un ring où il pourrait être roi.

Seulement, la justice s'apprêtait à rappeler le boxeur à l'ordre, à lui infliger la plus cuisante des défaites, celle qu'il avait pleinement méritée...

Photo : Éric Barbeau

Hilton comprend-il que son passé est en train de le rattraper ?

Hilton, K.-O. par décision unanime... de la juge

La salle d'audience est pleine à craquer et chacun retient son souffle. Cette communion d'apnées, l'accusé la connaît bien, pour l'avoir si souvent provoquée les soirs de combat.

Cette fois, l'affrontement s'est joué contre un adversaire que Hilton avait du mal à comprendre. Incrédule, l'aîné du Clan encaissait les coups sans pouvoir se défendre. Il restait figé, comme tant de ses adversaires le furent devant ses assauts. Pour une fois, il avait beau essayer d'échanger coup pour coup avec ce nouvel adversaire, mais la justice les esquivait, et le pauvre boxeur ne pouvait que fendre l'air. Les coups de cet insolite rival transperçaient l'armure du gladiteur, touchaient les chairs et le cœur.

La juge Rolande Matte entre dans la petite pièce. Les plumes des scribes frétillent, impatientes de noter le verdict qui sera prononcé. Trônant au-dessus de cette mêlée humaine, la juge Matte s'approche du micro et déclare, d'un ton ferme : « Le récit qu'a fait le boxeur de sa version des choses illustre à mes yeux un talent pour l'improvisation ! » Le ton était donné, et tout le monde guettait la déferlante qui allait s'abattre sur le boxeur. Une heure durant, la juge justifiera la culpabilité de Hilton sur les neuf chefs d'accusation. Plus les minutes passent, et plus l'ambiance devient oppressante. Certaines gorges se nouent. Les regards se font graves et se fuient entre eux, chacun restant suspendu aux lèvres de la juge, qui continue d'énumérer les détails de la sordide affaire.

La juge ralentit son débit. Elle reprend son souffle, fixe sévèrement l'accusé et déclare : « Je n'ai rien cru de votre témoignage et, en mon âme et conscience, vous êtes coupable ! » Le verdict s'abat sur Hilton comme une lame de fond. Cela était tout de même prévisible, au vu de la tempête que le boxeur avait déclenchée.

Cette fois, le légendaire rictus de l'Écossais se raidit. Son visage se tord, devenant une masse informe et grimaçante. La représentante de la Couronne, maître Di Salvo, décochera le crochet final en réclamant l'incarcération immédiate du coupable : « Il serait indécent de le laisser en liberté ! »

Hilton prendra donc la direction des cellules de la prison de Rivières-des-Prairies. Il se retrouve, d'une certaine façon, en territoire connu, puisque ce n'est pas sa première peine. Il rencontrera, cette fois, d'autres prisonniers qui ne sont pas vraiment tendres avec des criminels de sa trempe.

Quelques mois s'écouleront avant le rendu de la sentence finale. Pendant ce temps, la dégringolade se poursuit pour Hilton. Les 37 membres du Conseil exécutif de la World Boxing Council viennent de le dépouiller officiellement de sa couronne mondiale. « La culpabilité et l'emprisonnement du boxeur violent tous les principes moraux de la WBC », déclarera solennellement Jose Sulaiman, le tout-puissant président de la World Boxing Council. Le champion déchu accueillera la nouvelle comme un solide *uppercut*. Il était tellement inconscient, qu'il croyait qu'on lui laisserait défendre son titre !

Des applaudissements nourris, semble-t-il, se sont fait entendre dans l'enceinte de la prison à l'annonce de cette nouvelle. Prisonnier sans couronne, voilà ce qu'était devenu, en quelques mois à peine, l'ex-champion du monde des poids moyens, Dave Hilton. Les mauvaises nouvelles n'arrivent jamais seules, a dû penser l'aîné des Fighting Hilton...

Dave a déjà fait appel du jugement de culpabilité, tandis que la sentence que tout le monde attendait s'apprête à tomber. La série de combinaisons de la justice n'a pas fini de s'abattre sur le champion déchu. En se présentant devant elle, Hilton ne pensait pas que l'adversaire serait aussi coriace. Il n'avait pas prévu les subtiles feintes, ni les coups dévastateurs qu'elle pouvait porter. Si souvent il avait amadoué les juges avec son sourire d'ange, son visage de jeune premier. À chaque fois, il avait trouvé la bonne esquive, le bon mouvement pour voir s'ouvrir les portes de la probation. Même affronter un adversaire féminin ne lui faisait pas peur.

Sans doute faut-il voir là la marque du Clan qui n'avait aucun respect pour l'autre sexe. Cette absence de déférence, qui a mené Dave à se livrer aux pires exactions, sera définitivement punie par la justice. Une « boxeuse » qu'il a sous-estimée.

Après le crochet de maître Di Salvo et l'*uppercut* du président Sulaiman, la condamnation va mettre Dave Hilton définitivement hors de combat : sept ans de prison pour agressions sexuelles sur deux sœurs mineures, voilà le dernier coup porté par la Cour du Québec ! Son avocat, maître Skolnik, essayera quelques tentatives d'appel, mais la cause est maintenant entendue. Hilton restera derrière les barreaux.

Fou de rage, ne comprenant toujours pas qu'il avait commis des gestes coupables, qu'il avait volé l'innocence de deux jeunes filles en plus de briser les rêves de leur mère, Hilton renverra son avocat, prétextant l'incompétence ! C'est maître Lamontagne qui s'occupera de défendre l'appel de son client qui espère faire diminuer sa peine de sept à quatre ans.

La justice montrera une nouvelle fois l'étendue de son talent. Le refus de la Cour d'appel de réduire la peine devrait faire comprendre à Dave Hilton que le combat revanche est inutile, qu'il n'est pas, et n'a jamais été de taille devant un tel adversaire. Le combat est inégal, la culpabilité de l'ex-champion constitue un handicap insurmontable.

À l'annonce de la nouvelle, le chef du Clan sortira de son silence. Il dira aux journalistes qui veulent l'entendre que son fils s'entraîne en prison et qu'il n'est pas rejeté par les autres détenus, malgré les crimes sexuels dont il a été reconnu coupable. Le Clan ajuste probablement son histoire car, sur la question, les opinions divergent. Certains proches du boxeur confieront que l'« influent » Frank Cotroni lui aurait offert une « protection » en prison. D'autres, par contre, prétendront que certains prisonniers se seraient frottés au champion déchu. Quoiqu'il en soit, Hilton commençait son calvaire, sans que personne dans le milieu pugilistique, ni ailleurs, ne verse une seule larme compatissante.

Un coup du destin ?

Même si l'existence du destin est pour plusieurs un fait acquis, on peut se demander si les Hilton auraient pu connaître un sort différent. Où en serait Dave Hilton s'il avait eu la chance de participer à un combat de championnat du monde dès 1985 ? Il était alors, sans nul doute, le meilleur mi-moyen du monde. Personne, à cette époque, ne savait réunir dans ses poings autant de puissance, de talent, de variétés et d'endurance.

Remontons un instant les aiguilles du temps et reportons-nous aux années où Dave Hilton était le poulain de l'ineffable Don King. Au début de juin 1985, le rusé promoteur avait organisé une de ces soirées dont lui seul avait le secret. Pour faire mousser la carrière de Dave, qui s'impatientait, King lui oppose l'Américain Denis Horne, qui fait partie des 15 premiers boxeurs du monde. Ce soir-là, la salle de bal du Casino Riviera de Las Vegas est remplie de vedettes de Hollywood. Le célèbre boxeur Muhammad Ali était aussi présent dans la foule. Tous ces invités de marque s'étaient déplacés pour le combat principal qui se soldera par la victoire du champion du monde, Michael Spinks. Ils étaient loin de se douter que le combat le plus enlevant de la soirée serait celui de Dave Hilton.

En moins de deux rounds, celui que les Américains avaient affectueusement surnommé le « petit blond du Canada » expédiait son adversaire sur un nuage qui passait par là. Les lustres en cristal ont été rudement secoués par la vague d'enthousiasme qui a déferlé sur la salle de bal. Le lendemain, les journalistes parlaient déjà d'un « Sugar Ray Leonard blanc » ! Le vrai problème, c'est que King n'arrivait pas à dompter l'aîné des Fighting Hilton. Dave disparaissait pendant des semaines entières, pour réapparaître dans un état lamentable.

L'autre obstacle à la percée de Dave junior, c'était la guerre impitoyable que se livraient les deux promoteurs américains, Don King et Bob Arum, qui se partageaient le marché de la boxe aux États-Unis. Une guerre à finir, quel qu'en soit le prix !

· La fantastique et fabuleuse machine à boxer qu'était Dave Hilton dépérira en trois ans à peine. Trois années d'abus de toutes sortes qui ont brisé à jamais l'un des boxeurs les plus prometteurs de sa génération. Le sacre de Dave Hilton, couronné champion du monde, est arrivé trop tard. Quinze ans trop tard! Se croyant invulnérable, immortel même, Hilton a cherché à combattre tous les adversaires en même temps. Un temps qu'il a perdu finalement, et qu'il n'arrivera jamais à rattraper. Seul son passé a été plus vite que lui!

Lorsque ce passé se réveille, la vie de Dave se transforme en cauchemar. Un cauchemar peuplé d'impitoyables démons. Soirées de beuveries, abus inqualifiables, mort de Stewart, combines, arrestations, minables rapines, rixes d'un soir, tout cela remonte en même temps à la manière d'une *overdose* d'horreurs. Chaque événement accuse un Hilton qui ne comprend pas sa culpabilité.

Cela était pourtant inévitable, Hilton devait payer pour ses crimes. Il a trop souvent ri des juges, trop souvent bafoué les règles de la société. Tournant en dérision les rappels à l'ordre, les plus petites mises en garde. Hilton a joué et a perdu!

Privé de son champion, le Clan a manqué d'air. Ses membres se sont retouvés sans défense, ne formant plus qu'une inoffensive petite bande. Comme Icare, Dave junior a vu de près le soleil de la gloire. Mais ses ailes ont fondu, et il est tombé dans la mer du désespoir...

Conclusion
La fin du Clan

La fin du Clan est-elle arrivée?

Alex n'est plus que l'ombre de lui-même. Il empile les défaites comme autant d'humiliations. Chacun de ses retours dans le ring prend des accents pathétiques.

Pauvre Alex, le seul du Clan, peut-être, à avoir véritablement compris le sens du mot « sacrifice » ! Le seul à avoir développé le sens des nuances. Alex est aussi devenu, avec le temps, celui qui pouvait se passer du Clan. Il s'est montré capable de lui tourner le dos, trouvant le courage de quitter ce genre de secte. Il s'est pourtant sacrifié pour que le Clan soit préservé. En acceptant les brimades quotidiennes, en baissant la tête, en jouant le rôle du bouc émissaire désigné. Tout cela, il le faisait pour préserver la quiétude de ses deux frères, Dave junior et Matthew, jugés plus prometteurs que lui.

Il sera rejeté souvent par un père qu'aveuglaient les dons de Matthew et la virtuosité de Dave junior. Cent fois, Alex devra se taire et servir de faire-valoir aux protégés du chef de clan. Ses deux frères se serviront de lui comme ils se sont servi de leur entourage.

Tant qu'Alex ne se trouvait pas en réelle difficulté, le Clan s'abstenait d'intervenir. Alex payera le lourd tribut de n'être qu'un boxeur au talent limité dans une famille qui comptait des membres pourvus, malgré tout, de talents incroyables. Même si Alex faisait partie du Clan, il n'arriverait pas à atteindre la haute marche d'excellence que le père lui avait fixée.

Le père, Dave senior, savait pertinemment que très peu arriveraient à l'égaler, ni surtout à le surpasser. La mission la plus importante, il la réservait aux plus nantis de ses fils. Tel un général en guerre, il n'aurait aucune pitié pour ses fils devenus soldats de circonstances. Qu'importaient les pertes ! Ceux qui ne franchissaient pas les épreuves fourniraient la chair à canons nécessaire à la victoire. Alex sera le seul à refuser cet embrigadement qui, de toute façon, n'a jamais réussi à discipliner cette bande de rebelles façonnée par le père.

Le chef de famille avait lâché des chevaux sauvages ! Il avait ensuite tenté d'en dompter quelques-uns. Mais, pour réussir comme dompteur, il faut d'abord obtenir le respect de ses bêtes ! La plupart des fils ont préféré ruer dans les brancards !

Quel paradoxe, dès lors, d'observer le dévouement d'Alex, le besogneux, qui cherche inlassablement à se rendre au bout de ses rêves. Il a vécu comme une injustice son rôle dans le Clan. Considéré quantité négligeable, il n'en était pas moins le ciment qui faisait tenir le reste. Sa détermination devrait maintenant inspirer ses frères, comme elle suscite l'admiration de nombreux amateurs, même s'il ne remporte plus sa part de victoires. C'est pourquoi Alex peut considérer parfois qu'il a assez joué avec le reste du Clan.

Stewart a été sacrifié sur une route de campagne dans la fleur de sa jeunesse. Matthew, l'ex-champion du monde, qui était apprécié pour la qualité exceptionnelle et la précision de ses coups, a été humilé par la vie. Il est devenu presque aveugle, lui qui, tant de fois, trouvait la faille microscopique pour y introduire son crochet, son direct ou son *uppercut* fatal.

Cyniquement, le seul qui aura été épargné est Dave junior. Il attend, entre quatre murs, que le ménage de sa triste vie de sale joueur se lave. Comme si, d'une seule donne, l'existence pouvait lui sortir un carré d'as ! À presque 40 ans, qu'aura-t-il vraiment compris de l'épreuve ? L'aura-t-il vécue comme un combat de plus ? Ou sa conscience l'aura-t-elle forcé à mettre un genou à terre ?

La fin d'un clan n'est-elle pas prévisible, comme le siècle qui passe et qui emporte avec lui ses réussites, mais aussi ses déboires, et surtout ses échecs ? Le Clan Hilton n'est-il pas synonyme d'une époque révolue ?

Ce serait mal connaître le Clan des Fighting Hilton qui, même rattrapé par des lois, impose encore les siennes dans l'inconscient collectif. Qui ne croit pas, par exemple, au retour de Dave ? Même s'il ne se rend pas jusqu'au championnat, il demeure celui qu'on attend, comme une symphonie inachevée. Une symphonie parfois douteuse, mais qui attirera immanquablement la foule amnésique.

En m'entretenant dernièrement avec Henri Spitzer, l'ami de toujours et le promoteur averti, j'ai appris que Dave serait en très grande forme. Il s'entraînerait en prison, avec la même volonté que celle qui l'a amené au titre mondial. N'at-il pas déclaré, il n'y a pas si longtemps, que la première chose qu'il compte faire à sa sortie de prison, c'est de reconquérir son titre de champion du monde acquis au dépens de Dingaan Thobela : « C'est moi le vrai champion ! Tout le monde dit que c'est Éric Lucas. Mais comment peut-on dire que Lucas est le champion ? Il n'a jamais battu le vrai champion ! Il a battu le troisième aspirant mondial... »

Henri Spitzer espère encore une sortie éventuelle pour l'automne 2003. Il a déjà prévu que le père évaluerait Dave junior durant au moins trois mois, et que le champion déchu serait de retour pour l'automne. Et pourquoi pas une reconquête du titre ?

Ils étaient huit au début. La seule fille du groupe fut rapidement évincée, n'étant pas essentielle aux desseins du Clan. Ne restait que le chef, la mère et les cinq garçons. Un des garçons, Stewart, a vu son destin s'arrêter tragiquement sur le bord d'une route. Un autre, Matthew, malgré ses triomphes, s'enlise dans une noirceur irréversible : celui qui a connu les jours fastes, les paillettes, les hourras et les feux de la rampe, n'aperçoit plus maintenant, dans son demi sous-sol, que des étincelles qui s'éteignent avec son passé. Alex continue d'y croire, considérant la boxe comme la seule amarre qui le rattache au quai de sa noire existence. Dave junior, quant à lui, continue d'évoluer dans un monde sans lois. Un monde constitué de mensonges. Il ne pense même pas au repentir, il ne se soucie guère des ruines qu'il a semées.

L'histoire du Clan atteint des dimensions tragiques. Athlète ou héros, chaque membre a causé son propre malheur. Chacun a tracé les sillons de sa déroute. Destiné à atteindre les plus grands sommets, le Clan s'est plutôt roulé dans la fange. L'histoire des Hilton, c'est l'histoire d'un gâchis.

Vouloir autopsier complètement ce gâchis serait bien présomptueux. Il n'en demeure pas moins qu'une famille de boxeurs au talent exceptionnel a gaspillé ses précieux dons.

Les fils, comme le père, se sont engouffrés dans un tourbillon néfaste.

Les sauveteurs de dernière minute ont tout tenté pour réchapper ce qui pouvait l'être : des bribes seulement, parce que l'essentiel aurait dû être préservé, thésaurisé, il y a bien longtemps. L'histoire des Hilton, c'est une histoire comme tant d'autres, plus ou moins anonymes, dont les acteurs n'ont pas su saisir leur chance ou l'ont simplement gâchée.

Cette histoire n'est pourtant pas finie. Alex remontera inévitablement dans un ring, avec ou sans le père dans son coin. Dave fera immanquablement son retour, en magnétisant une fois de plus les foules.

Et, comme s'il ne s'était rien passé, la vie du Clan va continuer...

Table des matières